Taller de textos

PAPELES DE PEDAGOGÍA
Colección dirigida por Joan-Carles Mèlich

Últimos títulos publicados

33. F. Bárcena - *El oficio de la ciudadanía*
34. R. Flecha - *Compartiendo palabras*
35. M. D. Renau - *¿Otra psicología en la escuela?*
36. M. Romans y G. Viladot - *La educación de las personas adultas*
37. X. Bonal - *Sociología de la educación*
38. C. Lomas - *Cómo enseñar a hacer cosas con palabras I*
39. C. Lomas - *Cómo enseñar a hacer cosas con palabras II*
40. M.-A. Soler - *Didáctica multisensorial de las ciencias*
41. J. M. Duart - *La organización ética de la escuela y la transmisión de valores*
42. D. Cassany - *Construir la escritura*
43. F. Pedró e I. Puig - *Las reformas educativas*
44. M. Güell y J. Muñoz - *Desconócete a ti mismo*
45. J. Ferrés - *Educar en una cultura del espectáculo*
46. F. Bárcena y J.-C. Mèlich - *La educación como acontecimiento ético*
47. M. J. Cava y G. Musitu - *La potenciación de la autoestima en la escuela*
48. M. Romans y otros - *De profesión: educador(a) social*
49. M. Ll. Fabra y M. Domènech - *Hablar y escuchar*
50. F. Gil y otros - *La enseñanza de los derechos humanos*
51. P. Ortega y R. Mínguez - *La educación moral del ciudadano de hoy*
52. J. Escámez y R. Gil - *La educación en la responsabilidad*
53. C. Lomas (comp.) - *El aprendizaje de la comunicación en las aulas*
54. A. J. Colom - *La (de)construcción del conocimiento pedagógico*
55. J. Rué - *Qué enseñar y por qué*
56. J. Gómez - *De la enseñanza al aprendizaje de las matemáticas*
57. M. J. Cava y G. Musitu - *La convivencia en la escuela*
58. M. Pró - *Aprender con imágenes*
59. C. Poch y O. Herrero - *La muerte y el duelo en el contexto educativo*
60. J. M. Puig Rovira - *Prácticas morales*
61. J. M. Esteve - *La tercera revolución educativa*
62. E. Barberà - *La educación en la red*
63. J. M. Asensio - *Una educación para el diálogo*
64. J. Cela y J. Palou - *Carta a los nuevos maestros*
65. F. Bárcena - *La experiencia reflexiva en educación*
66. J. Sarramona - *Debate sobre la educación*
67. J. M. Calvo - *Filosofar en la escuela*
68. D. Cassany - *Taller de textos*

Daniel Cassany

Taller de textos

Leer, escribir y comentar en el aula

Barcelona • Buenos Aires • México

Cubierta de Ferran Cartes y Montse Plass

1ª edición, septiembre 2006
8ª impresión, julio 2025

La lectura abre horizontes, iguala oportunidades y construye una sociedad mejor. La propiedad intelectual es clave en la creación de contenidos culturales porque sostiene el ecosistema de quienes escriben y de nuestras librerías. Al comprar este libro estarás contribuyendo a mantener dicho ecosistema vivo y en crecimiento. En Grupo Planeta agradecemos que nos ayudes a apoyar así la autonomía creativa de autoras y autores para que puedan seguir desempeñando su labor. Dirígete a CEDRO (Centro Español de Derechos Reprográficos) si necesitas fotocopiar o escanear algún fragmento de esta obra. Puedes contactar con CEDRO a través de la web www.conlicencia.com o por teléfono en el 91 702 19 70 / 93 272 04 47. Queda expresamente prohibida la utilización o reproducción de este libro o de cualquiera de sus partes con el propósito de entrenar o alimentar sistemas o tecnologías de inteligencia artificial

© 2006 Daniel Cassany
© 2006 de todas las ediciones en castellano,
 Editorial Planeta, S. A.,
 Avda. Diagonal, 662-664. 08034 Barcelona, España
 Paidós es un sello editorial de Editorial Planeta, S. A.
 www.paidos.com
 www.planetadelibros.com

ISBN: 978-84-493-1935-8
Depósito legal: B. 30.825-2006

El papel de este libro procede de bosques gestionados de forma sostenible y de fuentes controladas

Impreso en España – *Printed in Spain*

SUMARIO

Presentación 11
1. **Géneros escritos** 17
   1.1. Leer y escribir en cada disciplina,
        institución y contexto 18
        El texto, el acto de escritura
        y la práctica social 18
        Género discursivo 21
        Características y funciones 24
        La construcción del conocimiento . . . 28
        La construcción de la identidad 30
        El ejercicio del poder 34
   1.2. Análisis de géneros escritos 37
        Guía para analizar géneros 37
        Aspectos socioculturales y contextuales 39
        Aspectos discursivos 42
        Aspectos gramaticales y léxicos 45
        Implicaciones pedagógicas 47

2. **El comentario de textos** 49
   2.1. La herencia literaria 50
        La tarea de comentar 50
        Manuales didácticos 53
        Rasgos principales 55
   2.2. El comentario de textos
        en los enfoques comunicativos 59

	Introducción	59
	El comentario real	60
	Aportaciones teóricas	65
2.3.	Propuesta de aula	68
	Hacia un comentario comunicativo	68
	Comentar: antes de la lectura	71
	Comentar: durante la lectura	74
	Comentar: después de la lectura	76
	Niños dialogando	78
2.4.	Análisis de un caso	79
	La columna	79
	Géneros, tipos de texto y polifonía	82
	Lo dicho y lo comunicado	85
	La intención y la ideología	91
	Epílogo	95
2.5.	Leer el periódico	95
	La prensa como material didáctico	95
	Propuestas	97

3. El taller de textos 113
  3.1. Mi taller 114
      Presentación 114
      Casos 115
      Organización 119
      Ejemplo 121
  3.2. El comentario oral 125
      Normas para hablar 126
      Ambiente 134
  3.3. Más detalles 135
      Propósitos 135
      Fundamentos 139
      Externalismo 142
      Escribir con los aprendices 144
  3.4. Análisis de conversaciones 146
      Dialogar con un colector 147
      Presentarse como autor 149
      Opinar en el debate 153
      Valoraciones 155

**Anexo 1: Artículo científico sobre
   odontología** 157
Anexo 2: Sentencia judicial 169
**Anexo 3: Setencia judicial de la alegación
   del asunto anterior** 179
Bibliografía 183

PRESENTACIÓN

Motivación, propósito y lectores

En una charla con docentes universitarios, una mexicana me preguntó cómo podía motivar a sus estudiantes a leer y comprender. Dijo: «Les pedimos que resuman las ideas principales, pero ni se lo toman con interés ni lo hacen bien». Respondí: «¿Qué interés tiene resumir un texto para alguien [su profesor] que ya lo conoce?, ¿para qué sirve? Yo les pediría algo más personal: sus impresiones, su valoración. O un diario de lectura: que el lector anote cada día lo que pasa por su mente mientras lee. Que anote su interpretación personal, lo que le sugiere el texto, las asociaciones que hizo, lo que le gusta y disgusta». Este tipo de tareas fomentan una lectura personal, interpretativa o creativa. Resultan mucho más interesantes para el aprendiz y para el docente.

En la pausa, esta docente me pidió que le recomendara un libro con propuestas y recursos parecidos. Enseñaba Derecho Civil en una universidad mexicana y estaba desilusionada con el nulo interés de sus alumnos con la lectura. No acerté a responderle. Hay escasas referencias en español para atender esta pregunta. Y así surgió la idea de escribir este volumen.

Taller de textos. Leer, escribir y comentar en el aula es un libro eminentemente práctico, destinado a los docentes que trabajan —o quieren trabajar— con textos en clase. Se dirige a todas las disciplinas, de la Economía a la Geografía, de la Ingeniería a la Política, porque aprender una disciplina requiere forzosamente saber procesar sus discursos. En cualquier disciplina usamos textos para aprender su conocimiento; sus prácticas laborales requieren aprender a saber interpretar y producir sus escritos. Aunque mis ejemplos son sobre todo de aprendices universitarios, los docentes de otros niveles pueden encontrar sugerencias útiles.

Taller de textos nace de la práctica de comentar y escribir en el aula, con aprendices auténticos, en situaciones reales, y aspira a regresar a la práctica: pretende mostrar a los docentes cómo enseñar a los aprendices a leer, comentar y escribir sus textos. Es un volumen operativo e instructivo, con propuestas prácticas, ejercicios, ejemplos, opiniones de alumnos, reflexiones de «final de clase».

Contenido

Taller de textos consta de tres capítulos «Géneros escritos» sirve de breve fundamentación teórico-práctica. Demuestra que cada disciplina genera sus propios modos de comunicación. Leemos y escribimos de manera diferente en el Derecho y en la Odontología, pero también en la Historia o en el Periodismo. Leer y escribir no son sólo herramientas para comunicar conocimiento especializado. También sirven para *construir* el conocimiento, para ampliar y profundizar una disciplina. Son instrumentos para armar la identidad personal, para presentar el perfil profesional, o académico o cívico de una persona... y para ganar —¡o perder!— estatus y poder en la comunidad. Si leemos y escribimos bien, construimos una identidad más definida y ganamos estatus y poder, o viceversa.

El segundo capítulo, «El comentario de textos», explora uno de los ejercicios que más ha contribuido a transmitir concepciones sobre la escritura. Quizá sea una de las tareas académicas más relevantes, puesto que forma parte de los exámenes de acceso a la universidad o de las oposiciones al cuerpo de docentes —como mínimo en España—. Después de analizar brevemente la tradición hispana de ejercicios y manuales de comentario de texto, pasaré a cuestionar si esta práctica tiene hoy sentido o no y, en caso afirmativo, cómo lo tiene, con qué y para qué. Los últimos capítulos determinan que leer, comentar y dialogar en torno a los escritos es una práctica importante, y esbozan una propuesta de aula.

El tercer capítulo, «El taller de textos», se centra en la producción de escritos. Presenta y ejemplifica una metodología personal que he desarrollado en varios cursos y sesiones de formación a lo largo de los últimos diez años. Además de detallar lo que se hace en el aula, las preguntas del docente y la manera de corregir, se comentan algunos ejemplos y se incluyen y analizan las voces de aprendices que vivieron experiencias de producción de textos.

Agradecimientos

Taller de textos es el resultado de mucho trabajo previo, de artículos y ponencias en congresos[1] y de numerosos talleres. Algunas de las voces de los aprendices

---

1. Cito a continuación los artículos previos:

- «Géneros escritos» utiliza el material y los comentarios de un curso impartido para los docentes del TEC de Monterrey, en 2004 y 2005, que nunca llegó a publicarse. Este apartado

13

y de mis colegas aparecen citadas con nombres y apellidos. Otras que sugirieron ideas o que contribuyeron a incubar este libro permanecen forzosamente en el anonimato porque no hubo forma de recogerlas. Como dice el filósofo, no hablamos a través de la lengua, sino que es la lengua la que habla a través de nosotros, de modo que este libro también es la expresión de las sensibilidades de todas estas voces y, en definitiva, de la comunidad en la que vivimos. Mi voz ecualiza aquí sus sonidos y espera ofrecer una propuesta que todos reconozcan como suya.

---

forma parte del proyecto de investigación *La competencia receptiva crítica en estudiantes universitarios y de bachillerato: análisis y propuesta didáctica* (HUM2004-03772, 2004-2007, Ministerio de Ciencia y Tecnología).
- «El comentario de textos» incorpora, reformulados y actualizados: 1) «El comentario de texto en el enfoque comunicativo», *Clave*, n° 8, Caracas, 1999, págs. 9-40; 2) «Fonaments per al comentari de text», *Articles*, n° 22, Barcelona, 2000, págs. 7-16; 3) «El comentario de textos: una nueva perspectiva comunicativa», en Xosé Antón González Riaño (comp.), *Nueves llendes na enseñanza d'una llingua minoritaria*, IX Alcuentru Llingua Minoritaria y Educación, Oviedo, Estaya Pedagóxica, 2003, págs. 137-155; y 4) «Ideas para leer el periódico», *Mosaico*, Revista de Difusión para la Promoción y Apoyo a la Enseñanza del Español, Consejería de Educación para Bélgica, Países Bajos y Dinamarca, n° 6, junio de 2001, págs. 22-26; este artículo se publicó también en una versión más ampliada 5) en *Piedra de Panduro*, Revista de la Universidad del Valle, Sede Buga (Cali, Colombia), y se difundió en páginas web de habilidades académicas y didáctica del español como lengua extranjera.
- Finalmente, «El taller de textos» actualiza: 6) «Mi taller de escritura», *Textos*, Barcelona, n° 30, 2002, págs. 21-31 y 7) «Análisis de argumentaciones orales en talleres de escritura profesional», en Elvira Arnoux y María Marta García Negroni, (comps.), *Homenaje a Oswald Ducrot*, Buenos Aires, Eudeba, 2004, págs. 95-116. Una síntesis de los dos artículos anteriores es 8) «Taller de escritura: propuesta y reflexiones», *Revista Lenguaje*, n° 31, Cali (Colombia), 2003, págs. 59-77.

Este libro también es el resultado —y lo digo con cariño— de ordenar la bolsa de los recortes de clases, conferencias y cursillos de formación, que nunca tiras y que se desparraman en carpetas y discos duros. Es una amalgama de fotocopias, guiones, ejemplos, recortes de prensa, etc. De este material fragmentario de deshecho surge una propuesta simple, clara, efectiva y práctica de formación de aprendices lectores y productores de textos. Que así sea.

Agradezco a John Beatty, Tomàs De Montagut, Evarista García-Peña, Guilhem Naro, Eudald Vendrell y Maria Wirf la documentación y los datos que han aportado para este volumen. También debo reconocer la ayuda de Cristina Aliagas, Cristina Gelpí, Óscar Morales y Joan Sala, que leyeron borradores previos de este volumen y sugirieron mejoras. Sin todos ellos habría más errores en este *Taller de textos*.

1
GÉNEROS ESCRITOS

> Los seres humanos organizan en parte su comportamiento comunicativo a través de repertorios de géneros.
> JOHN SWALES, 1990, pág. 58
>
> Los géneros son procesos sociales organizados, orientados hacia un propósito. [...] El contexto social es un sistema de géneros.
> JAMES MARTIN, 1993, pág. 142
>
> Cada disciplina posee su propio repertorio de géneros, que raramente se usa en otras disciplinas. Cada disciplina (e incluso, en parte, cada subdisciplina, dentro un campo específico) tiene sus procedimientos particulares para construir, interpretar y usar los géneros. Éstos se usan para fijar las características de la pertinencia a una disciplina, para determinar y validar los datos que puedan construir sus razonamientos apropiados y para hacer aportaciones sustanciales al campo correspondiente. Todos estos factores contribuyen a establecer las formas típicas de pensar y comportarse dentro del marco de una disciplina o subdisciplina específica.
> VIJAY K. BHATIA, 2005, pág. 18

Raramente somos conscientes de la estrecha interrelación que existe entre la escritura, pensar, saber y ser. Tendemos a creer que leer y escribir son simples canales para transmitir datos, sin más trascendencia. Que las ideas son independientes de la forma y los procesos con que se elaboran. Que lo que somos y la manera como nos ven los demás no tiene relación con los textos que manejamos. Ignoramos la influencia que tiene la escritura en nuestra mente, el efecto que causa en una disciplina la publicación de varios documentos o las consecuencias que provoca en la imagen pública de alguien que sus compatriotas lean lo que escribió. En el primer apartado defenderé que la escritura está estrechamente relacionada con el *yo* y con el *nosotros*: con mi mente, con mi imagen social, con la comunidad a la cual pertenezco, con la disciplina o el gremio en el trabajo —yo y mis colegas.

También sostendré que la escritura no es uniforme ni estática u homogénea. Cada disciplina y cada situación generan formas particulares de escritura, desarrolladas sociohistóricamente a lo largo de siglos. Denominamos *género discursivo* a cada uno de estos tipos de texto, oral o escrito, que pueden tener grados variados de sistematización. Después de caracterizar el género discursivo, analizaré sus funciones cognitivas, interpersonales y sociales para mostrar cómo los géneros sirven para construir el conocimiento, para elaborar identidades y para ejercer el poder.

En el siguiente apartado ejemplificaré esta tesis comparando dos géneros discursivos muy distintos: un artículo de investigación argentino del campo de la Odontología y una sentencia judicial española. La comparación permitirá ejemplificar el uso de una guía para analizar y describir géneros discursivos.

1.1. Leer y escribir en cada disciplina, institución y contexto

El texto, el acto de escritura y la práctica social

Tomemos un *texto* corriente, como el de un examen. Tendemos a verlo como un papel repleto de palabras manuscritas. Sabemos que es una forma discursiva preestablecida: tiene un grado alto de especificidad, tono impersonal y formal, y secuencias expositivo-argumentativas. También sabemos que exige un gran esfuerzo académico: el examinando debe aprender unos contenidos y ser capaz de producir el escrito en unas circunstancias estresantes: tiempo limitado, imposibilidad de hacer consultas, trascendencia social y académica. Los manuales de técnicas de estudio ofrecen consejos útiles para preparar exámenes, adoptar un estilo apropiado y rentabilizar el tiempo.

Somos menos conscientes del *acto de escritura* que implica cada examen. Detrás hay siempre un docente examinador y un aprendiz examinando que forman parte de una institución (el centro escolar o académico) que cumple unas funciones preestablecidas dentro de la comunidad. Docente y aprendiz asumen roles establecidos por la tradición y la propia institución, que está influida a su vez por la historia y la organización de la comunidad a la que pertenece.

El docente decide cómo es el examen y cómo se realiza; lo corrige y lo valora. El aprendiz acepta sus decisiones sumisamente como la mejor opción posible, puesto que es el docente *el que sabe*. La tradición determina las condiciones del acto de escribir exámenes: limitación del tiempo y de los recursos (apuntes, manuales, diccionario), énfasis en la repetición de conocimientos, en la ortografía y la caligrafía. La prosa también adquiere determinadas características: tratamiento de *usted*, impersonalidad, etc. El sentido común sugiere que un examen extenso es mejor que uno breve o que se aplaude la citación de autores y obras. Además, la valoración social del docente y del aprendiz depende en buena parte del examen. El buen aprendiz es el que saca buenas notas, y viceversa. El mejor docente, para el alumnado, es el que hace exámenes más accesibles o previsibles.

Más raro es tomar conciencia de la *práctica social* establecida históricamente alrededor del examen. Entendemos que la educación se implementa por materias o asignaturas durante periodos preestablecidos (cursos, trimestres, evaluaciones), y que cada asignatura posee sus prácticas de clase (exposiciones, ejercicios) que desembocan en un examen final disciplinario, el cual evalúa lo que sabe o sabe hacer cada aprendiz. El examen se interrelaciona así con otros materiales didácticos (libro de texto, apuntes) y documentos (currículum, programas).

Por supuesto, cada práctica social se apoya en unas concepciones particulares. Asumimos que el examen es un instrumento válido y fiable de evaluación del aprendizaje, que debe ser disciplinario (y no global), sumativo (y no formativo) y mayormente escrito (y no oral), realizarse al final del periodo de aprendizaje (y no a lo largo) y ser dirigido por el docente (y no por el aprendiz). Además, en cada comunidad e institución varían esas prácticas: en Italia son frecuentes los exámenes orales; en EE.UU., los test elección múltiple; en España, las preguntas de tipo ensayo; el baremo de calificaciones es diferente en cada país, etc.

En resumen, el *escrito* es sólo la punta de iceberg de algo mucho más global y profundo que afecta a personas, instituciones y disciplinas. Cualquier texto está situado y es indicativo de una actividad social más amplia (Barton y Hamilton, 1998). En nuestro ejemplo, el examen es uno de los géneros académicos principales que «mueve» la educación, que determina quién aprueba una materia, obtiene un certificado o pasa de curso. En otros ámbitos, otros géneros «mueven» otros procesos y tareas sociales de cabal importancia, como el periodismo, la justicia, la investigación o la producción económica.

En definitiva, escribir un examen, una noticia, una sentencia o un informe científico o económico no es sólo una cuestión gramatical o léxica. También hay que tener en cuenta las convenciones socioculturales de cada disciplina, las instituciones en las que se producen los textos, y los autores y los lectores que los procesan. Aprender a escribir un escrito es aprender a desarrollar la práctica social correspondiente.

Género discursivo

Precisamente porque los textos están estrechamente relacionados con sus autores-lectores, con las disciplinas y con las comunidades, la escritura nunca es uniforme. Cada disciplina, cada grupo humano, cada momento histórico y cada situación comunicativa produce sus propios escritos. El concepto más útil para aproximarnos a esta diversidad es el de «género discursivo» porque permite considerar tanto lo gramatical (estilo, sintaxis, léxico) como lo discursivo (estructura, registro), o pragmático (interlocutores, propósito, contexto) o lo sociocultural (historia, organización social, poder).

Por supuesto, el concepto de «género» no es nuevo: lo utilizaron la retórica grecorromana (con la clasificación de géneros *deliberativos, judiciales* y *epidícticos*) y la tradición literaria (con los conocidos géneros *lírico, épico* y *dramático*). El mérito de haber redefinido este concepto con el sentido con que se utiliza ahora corresponde al crítico y pensador ruso Bajtín. Veamos una de sus citas más famosas:

> Las diversas esferas de la actividad humana están todas relacionadas con el uso de la lengua. Por eso está claro que el carácter y las formas de su uso son tan multiformes como las esferas de la actividad humana [...] El uso de la lengua se lleva a cabo en forma de textos (orales y escritos) concretos y singulares que pertenecen a los participantes de una u otra esfera de la praxis humana. Estos textos reflejan las condiciones específicas y el objeto de cada una de las esferas no sólo por su contenido (temático) y por su estilo verbal, o sea, por la selección de los recursos léxicos, fraseológicos y gramaticales de la lengua, sino, ante

todo, por su composición o estructuración. Estos tres aspectos —el contenido temático, el estilo y la composición— están vinculados indisolublemente en la totalidad del texto y se determinan, de modo semejante, por la especificidad de una esfera dada de comunicación. Cada texto separado es, por supuesto, individual, pero cada esfera del uso lingüístico elabora sus tipos relativamente estables de textos, a los que denominamos *géneros discursivos* (Bajtín, 1982, pág. 248; he sustituido la palabra «enunciado» del original por «texto»).

Siguiendo este enfoque, el análisis del discurso ha explorado desde varias perspectivas el concepto de «género» y la relación entre el texto y su contexto (Johns, 1997; Hyland, 2003; Bhatia, 1993; Christie y Martin [comps.], 1997). Como muestran estos dos fragmentos, el género es visto como una forma de comunicación particular, generada en un contexto social, histórico y espacio-temporal concretos:

> Un género abarca una clase de actos comunicativos (*events*) que comparte un mismo grupo de propósitos. Los expertos de la comunidad discursiva reconocen estos propósitos, que constituyen la base (*rationale*) del género. Esta base conforma la estructura esquemática del discurso e influye y restringe la elección del contenido y del estilo. [...] Los ejemplares de un mismo género exhiben grados variados de similitud en la estructura, el estilo, el contenido y la audiencia. Los ejemplares que poseen las opciones más probables son vistos como prototípicos por la comunidad discursiva (Swales, 1990, pág. 58).

> El género se refiere a las diversas formas abstractas y sociales de usar el lenguaje. Asume que las características de un grupo similar de textos [o género] dependen del contexto social en que se ha creado y en que se usa, y que podemos describir estas características para agrupar los textos parecidos entre sí y para

determinar las elecciones y las restricciones que debe afrontar el autor al escribirlos. De este modo, se concibe el lenguaje como algo incrustado en la realidad social y como algo constitutivo de la misma. Es a través del uso recurrente de formas convencionalizadas de lenguaje como los individuos desarrollan sus relaciones, se establecen las comunidades y se realizan las cosas (Hyland, 2003, pág. 21).

Hay muchos ejemplos de géneros según la disciplina: los géneros periodísticos de información (noticia, reportaje) y de opinión (columna, editorial), los géneros académicos (apuntes, examen, manual), los jurídicos (ley, norma) y judiciales (demanda, sentencia), los administrativos (instancia, certificado), los comerciales (factura, catálogo), los científicos de investigación (artículo, reseña), etc. Entre los géneros orales o escritos para ser oralizados, podemos citar el sermón religioso, el panfleto político, el pregón en una fiesta mayor o el boletín informativo de radio o televisión.

Uno de los géneros más estudiados es el artículo científico en las ciencias naturales, del que se ha analizado la estructura (apartados, estilo de argumentación, uso de las citas), el estilo (tipo de oraciones), la historia (orígenes, evolución) o cómo lo utilizan los propios científicos (Cassany, 2005, págs. 24-30). También han merecido interés los géneros profesionales o empresariales (Bhatia, 1993; Geluykens y Pelsmaekers [comps.], 1999; Hyland, 2000; Gunnarsson, 1997 y 2005). El interés por estudiar cada género está en que, al conocer cómo es y cómo funciona, podemos mejorar su enseñanza y aprendizaje: aprender a utilizar un género es aprender a desarrollar las prácticas profesionales que se desarrollan con él.

Es imposible capturar esta gran diversidad de géneros en una clasificación o tipología única, porque cada disciplina actúa sobre la realidad y la observa de modo distinto, por lo que utiliza criterios particulares. Cada disciplina posee su propio repertorio de géneros, armonizado según sus necesidades y prácticas sociales. Por otra parte, toda disciplina es dinámica y está en constante evolución: surgen continuamente nuevos géneros, al tiempo que desaparecen otros. Así, en las instituciones españolas ya casi no se utilizan saludas (este género protocolario breve, de una sola oración y muy formal), mientras que cada día son más frecuentes los correos electrónicos o las páginas web.

En definitiva, el género es la estructura discursiva, el recurso retórico o la acción comunicativa que utilizamos los profesionales para solventar buena parte de las tareas o de las actividades que debemos resolver en nuestra disciplina y en nuestro ámbito laboral.

Características y funciones

Veamos ahora algunos de los rasgos más relevantes del género discursivo, desarrollados a partir de Swales (1990) y Berkenkotter y Huckin (1995). Los géneros:

1. Son *dinámicos*: son formas retóricas, desarrolladas a lo largo de la historia, que estabilizan la experiencia y dan coherencia y significado a la acción de autores y lectores. Por ejemplo, la homilía cristiana clava sus orígenes en las prácticas religiosas de lectura y comentario de la Biblia en la sinagoga, que tomó Jesús en vida y que ha ido evolucionando a lo largo de los siglos, según las diferentes confesiones, las tradiciones de cada comunidad y, en el caso de la Iglesia Católica, de las disposiciones de los concilios ecuménicos.
2. Están *situados*: son formas retóricas enraizadas en un lugar geográfico, en un ámbito cul-

tural, idiomático y en un contexto circunstancial. La homilía cristiana nace, crece y se usa en el ámbito geográfico y cultural del cristianismo. Adopta una determinada mirada de la realidad, desde esta perspectiva cristiana, que es desconocida en otros contextos geográficos e históricos.
3. Desarrollan un *propósito*: se utilizan en la comunidad para conseguir algo que es importante para sus autores y lectores: impartir justicia, incrementar el conocimiento, cumplir un trámite, expresar nuestros sentimientos. En la celebración eucarística católica, la homilía forma parte de la liturgia de la palabra. Después de las lecturas de los Evangelios, el sacerdote relaciona lo escuchado con la vida de los feligreses y les hace meditar sobre sus enseñanzas.
4. Están *organizados en forma y contenido*: conocer un género exige dominar su contenido (lo que se puede decir y en qué orden) y su forma (cómo se dice). Los tratados eclesiásticos para sacerdotes identifican en la homilía católica un elemento exegético (interpretación de las lecturas), uno vital (aplicación del mensaje a la comunidad) y otro litúrgico (relación del mensaje con la celebración eucarística).
5. Delimitan *comunidades discursivas* con sus normas, conocimiento y prácticas sociales: *comunidad discursiva* se refiere aquí al conjunto de personas que comparten un grupo determinado de géneros discursivos —y que, en consecuencia, han accedido al conocimiento que aportan y a las prácticas comunicativas y sociales que establecen—. Sólo los bautizados por la fe católica y los practicantes que asisten a la misa conocen los principios de esta religión, sus normas y sus prácticas: forman parte de la comunidad discursiva católica.

6. Construyen y reproducen *estructuras sociales*: los géneros conforman grupos profesionales o sociales y construyen estatus e identidades. A través de la lectura y escritura de géneros se reproduce o se critica una determinada jerarquía social, una repartición del poder, unos derechos y deberes. En nuestro ejemplo, la participación en la homilía y en la misa significa la aceptación de la doctrina católica y, en consecuencia, de su organización social, que incluye la marginalización de la mujer, la negación de los gays y el rechazo de prácticas como el aborto, la eutanasia o el uso de los contraceptivos —aunque existan, como es sabido, grupos que combaten estas discriminaciones dentro de la Iglesia.

Voy a concretar algo más las funciones que desempeña el género. Siguiendo a Gunnarsson (1997), podemos distinguir tres funciones básicas:

1. *Función cognitiva*: el género contribuye a construir y formalizar el conocimiento de una disciplina. A través de los géneros se va acumulando el conocimiento que conforma un campo específico del saber humano. Por ejemplo, la química no deja de ser el conjunto de artículos de investigación, manuales o protocolos de laboratorio, e informes y proyectos que se refieren a este ámbito. Al mismo tiempo, la estructura del género determina los procedimientos para obtener y comunicar la información nueva para cada disciplina.
2. *Función interpersonal*: construye la identidad (la imagen o *face*) del autor como miembro de la comunidad discursiva. Una persona es lo que lee y escribe dentro de su ámbito profesional. Por ejemplo, la valoración que se hace de un

investigador depende directamente de la calidad y del enfoque de sus trabajos publicados. Incluso más allá de la calidad, sus lectores le atribuyen unas cualidades u otras (originalidad, meticulosidad, precisión) a partir de sus publicaciones.
3. *Función sociopolítica*: contribuye a establecer el estatus de cada persona en su comunidad. El poder (autoridad, prestigio, reconocimiento) que adquiere una persona en una disciplina se consigue y se ejerce a través de los géneros. Por ejemplo, siguiendo con los ejemplos de química, los investigadores que publican en las revistas más prestigiosas adquieren ante sus colegas una reputación y una autoridad superiores que los que difunden sus trabajos en revistas locales o modestas. Además, algunos géneros tienen el objetivo específico de obtener recursos, como los proyectos de investigación, la petición de becas o las candidaturas a concursos; dominar estos géneros resulta fundamental para alcanzar el éxito.

La propia Gunnarsson sostiene que los discursos son también instrumentos fundamentales para la creación y el devenir de las empresas y las instituciones. «El discurso desempeña un papel esencial en la construcción de la empresa como una entidad atractiva. El discurso construye y mantiene la imagen de la organización. Es a través del contenido y la forma del discurso como una organización recuerda su historia, crea visiones del futuro y actualiza sus objetivos, procedimientos e ideas» (Gunnarsson, 2005, pág. 102).

A continuación comentaré y ejemplificaré con más detalle las tres funciones citadas.

La construcción del conocimiento

Muchos géneros imponen restricciones tan relevantes en cuanto al estilo o la estructura que debe tener un texto que no sólo condicionan fuertemente la forma, sino también el contenido. El género contribuye así de manera expresa a elaborar el conocimiento. Las comunidades lo utilizan para ordenar y organizar la producción y difusión del conocimiento. Veamos algunos ejemplos:

1. *Auditoría*: los informes de auditoría evalúan algún aspecto (contabilidad, informática, calidad de servicio) de una empresa o institución. Hay varios tipos (auditoría interna o externa, ordinaria o extraordinaria), pero todos suelen compartir la misma estructura estándar, establecida por el código deontológico que formulan las asociaciones internacionales de auditoría. Por ejemplo, una auditoría interna consta de *objetivos, métodos, resultados, conclusiones* y *recomendaciones*. Estos componentes guían la tarea del autor:

   a) Objetivos: formulan con precisión los datos que se desean obtener. Por ejemplo: comprobar si la contabilidad de una oficina de un banco está conforme; verificar si una empresa es rentable o no; evaluar si la atención al público que se hace en una institución tiene suficiente calidad.
   b) Métodos: establece los procedimientos para conseguir los datos anteriores. Siguiendo con el primer ejemplo, analizar las hojas de contabilidad de la oficina, entrevistar al director de la misma, revisar el programa informático.
   c) Resultados: detalla los datos conseguidos. En nuestro ejemplo se identificarían las operaciones que no se ajustan a la norma, se calcularía el volumen global del error, se detallarían las circunstancias en que se produjo.

d) Conclusiones: valora los datos con argumentos técnicos. En el ejemplo se evaluaría la gravedad de las operaciones identificadas y sus causas, verificando o rechazando las hipótesis implicadas en los objetivos.
e) Recomendaciones: sugiere medidas para actuar en el futuro. En el ejemplo, se hacen propuestas para enmendar las operativas que son erróneas, así como para evitar que se puedan repetir en el futuro.

Los tres primeros apartados son impersonales y objetivos, mientras que los dos últimos dependen de los juicios de valor que emite el auditor profesional, basándose en los datos. Objetivos, conclusiones y recomendaciones usan una misma numeración: el primer objetivo corresponde a la primera conclusión y a la primera recomendación, y viceversa. Aparentemente, los objetivos y los métodos se deberían elaborar antes de aplicar la metodología y obtener los resultados, y los resultados, las conclusiones y las recomendaciones, *a posteriori*. Pero en la práctica, muchos auditores escriben el informe completo después de la búsqueda y elaboración de los datos.

Sin duda este esquema con sus características determina no sólo la forma del informe de auditoría, sino también el enfoque y las técnicas que utilizará el auditor para conseguir la información y procesarla. De hecho, son una sucinta guía para el auditor profesional, y los manuales de redacción de auditoría proponen recursos prácticos para elaborar cada uno de estos apartados (Blicq, 1990; Maniak, 1990).

2. *Noticia*: algunos rasgos de este género son:

a) Para dar cuenta de algo debe responderse a las 6 Q: *¿qué?, ¿quién?, ¿dónde?, ¿cuándo?, ¿cómo?, ¿por qué?* De este modo se garantiza incluir los datos relevantes de un hecho.

b) Se dice que la noticia tiene forma de pirámide invertida porque los datos más relevantes están al inicio (en el título y el subtítulo) y los detalles al final, ordenados según su importancia o interés. Se pretende así que el lector que empieza a leer el texto por el titular consiga siempre los datos más relevantes, independientemente del lugar en el que interrumpa su lectura.
c) Los párrafos suelen ser breves e independientes, de modo que, si al maquetar la página no hay espacio suficiente, se pueda cortar el texto por el final.
Sin duda estas características tienen una dimensión deontológica y profesional, además de lingüística. Determinan no sólo la forma discursiva y el estilo que debe adoptar el texto, sino también su contenido y la labor del periodista. Así, por ejemplo, en la inauguración de una feria agrícola, el periodista sabe que cumple con su obligación al responder a las 6 Q y al organizar los datos en párrafos breves y con estructura piramidal.

En definitiva, las características lingüísticas de muchos géneros van más allá de las cuestiones formales y afectan a la metodología de trabajo y al enfoque con que se observa la realidad. Así, la lectura o la redacción de un género del ámbito laboral (como un informe de auditoría o una noticia) se mezclan inevitablemente con la práctica profesional. El género contribuye a desarrollar la labor profesional y a construir el conocimiento de su disciplina.

La construcción de la identidad

Los géneros discursivos también definen y orientan la identidad del autor. Todos tenemos muchas caras, máscaras o imágenes (*faces*, en inglés) que proyectamos en diferentes esferas y situaciones de la vida. Somos hijos, cónyuges y padres de familia; empleados, jefes o colegas y profesionales liberales; miembros de un gimnasio, vecinos de barrio, votantes, ciudadanos... y adoptamos identidades parcialmente diferentes en cada situación.

No nos presentamos igual ante los alumnos, los colegas del centro, los vecinos o la familia. En cada ámbito hablamos de modo diferente, sobre temas distintos, usamos vestidos particulares, nos comportamos de distinta manera. En cada ámbito mostramos una faceta de nuestra persona y los interlocutores construyen una imagen particular de nosotros a partir de ella. Los escritos —y los géneros— contribuyen a elaborar esta imagen.

Muchas veces la escritura es la única interacción entre las personas. Difícilmente llegamos a conocer personalmente al periodista cuyos artículos leemos cada día, al científico que publica en nuestro boletín de referencia, a los economistas que elaboraron el informe de viabilidad, a los informáticos que redactaron las instrucciones para manejar un programa, al geógrafo o al historiador que redactó la guía que utilizamos, etc. La imagen que construimos de estos profesionales procede directamente de sus escritos.

Aunque el género discursivo tenga unos rasgos y unas restricciones generales, cada autor se apropia de estos parámetros y los utiliza a su modo. La manera como cada autor se acomoda a las convenciones y la tradición de cada género revela mucho sobre su identidad: si es más conservador y respeta la tradición o, al contrario, si es renovador e introduce novedades; si pone más énfasis en un apartado u otro, si es breve o prolijo. Veamos algunos ejemplos:

1. *Investigación*: la identidad de los investigadores y los académicos depende sin duda de lo que publican.

Publish or perish («Publicar o morir»), afirma el dicho inglés. Si no difundes tus trabajos, es como si no existieras para la comunidad correspondiente. Además, lo publicado determina la imagen del autor. Los colegas de la disciplina valoran su figura por su actividad: ¿en qué revistas publica?, ¿nacionales o internacionales, prestigiosas o no? ¿Es citado por ello?, ¿mucho o poco?, ¿por autores famosos? ¿Cuáles son los temas o campos de su investigación?, ¿actuales u obsoletos, tópicos u originales? ¿Qué métodos utiliza?, ¿cualitativos o cuantitativos, sofisticados o corrientes, empíricos o especulativos? ¿Trabaja con corpus grandes o pequeños de modo que los resultados son más o menos extrapolables? ¿Qué bibliografía cita: actualizada o anticuada, adecuada o peregrina, reputada o no? ¿Cómo razona: con lucidez u obviedad? ¿Cómo escribe: llano o barroco, confuso o claro? Sin duda las respuestas a estas preguntas perfilan una «identidad profesional» particular.

2. *Justicia*: abogados y procuradores suelen conocer a los jueces por sus sentencias de modo parecido a como los científicos perciben a sus colegas: mediante las preguntas anteriores. Dependiendo de si una sentencia está bien razonada, documenta bien los hechos, cita oportunamente las leyes y la jurisprudencia pertinente, resuelve de modo coherente un caso, o está redactada de modo claro y directo, los lectores se hacen una idea de la personalidad profesional del juez correspondiente.

A veces el interés de una sentencia supera el círculo cerrado de letrados y llega al gran público, como podemos ver en esta noticia:

PENA MÍNIMA PORQUE UNA AMENAZA SE HIZO POR AMOR

- *Un juez dice que amedrentar con un hacha a la novia es sólo una falta leve.*
- *El acusado, que ha vuelto a vivir con la mujer, pagará una multa de 60 euros.*

Montse Martínez. Barcelona. Amenazar a una mujer con un hacha «merece el mínimo reproche» si se hace por «desavenencias de índole amorosa». Éste es el argumento esgrimido por el titular del juzgado de lo Penal número tres de Barcelona, Francesc Abellanet, que ha considerado la acción como una falta de amenazas de carácter leve, castigada con 60 euros. [...] Antes de la reconciliación, tras pedirle que volviera con él en varias ocasiones sin éxito, el 4 de marzo del 2000, el acusado se dirigió en coche al domicilio de la [mujer] y, tras abrir la puerta del mismo, «exhibió un hacha en actitud amenazante hacia la ventana del piso donde se encontraba [la mujer]». «Posteriormente —relata la sentencia— entró en dicha vivienda portando una caña dando golpes a la puerta de la misma.» «Merece el mínimo reproche venial la persona que por desavenencias de índole amorosa se presenta en casa donde se encuentra refugiada la persona con la que había mantenido relación sentimental y como consecuencia de la ira u otro motivo reprobable amenaza a su compañera con un hacha diciéndole que la mataría», dice el juez en su sentencia. Dentro de las distintas tipologías de faltas por amenazas, el magistrado considera que, en este caso concreto, se trata de una amenaza de carácter leve. El juez, en la misma sentencia, impone otra pena de 90 euros al mismo acusado por una falta de malos tratos llevada a cabo contra la misma mujer al considerar probado que en una de las ocasiones en que el hombre pidió perdón a su compañera, al no obtener el resultado deseado, «le dio un manotazo en la cara sin causarle lesión» [...] (*El Periódico de Catalunya*, 13 de noviembre de 2002).

Aunque el texto no contenga ningún juicio de valor, los titulares y la selección de fragmentos reproducidos de la sentencia original orientan de manera hábil hacia la interpretación que el periódico hace de la misma. Teniendo en cuenta que mueren anualmente muchas personas por la violencia doméstica o de género y que se está legislando y actuando con decisión en contra de la misma —en España y otros países—, la decisión tomada por este juez es desacertada e incluso vergonzosa. Sin duda la imagen social de este juez quedó afectada por la sentencia que firmó y por la divulgación que se hizo de la misma con esta noticia en un periódico bastante leído. Parece improbable que los lectores de dicha noticia puedan mantener una valoración neutra o confiada del trabajo de este juez, al que no conocen ni conocerán personalmente.

En definitiva, el contenido y la forma vertidos en un género discursivo también afectan a la imagen social de su autor. Según cómo utiliza la tradición del género y el conocimiento del campo en sus textos, el autor construye una imagen u otra de su profesionalidad ante la comunidad.

El ejercicio del poder

Los géneros contribuyen de múltiples maneras a ejercer el poder o a resistir ante él. En primer lugar, el simple hecho de participar en una práctica social establecida, con un escrito que sigue las convenciones del género correspondiente, reafirma el *statu quo*, la autoridad de las instituciones en las que se desarrolla la práctica y la función (y el poder) del género en cuestión. Por ejemplo, al escribir una memoria anual de actividades, se acepta la jerarquía y la organización de una empresa; al presentarse con un proyecto de investigación a un concurso público, se aceptan los criterios de valoración del mismo; y al votar en unas elecciones, se acepta el sistema democrático.

En segundo lugar, algunos géneros tienen un poder inmediato y trascendente sobre las personas y las comunidades. Detrás de la decisión de cerrar una fábrica —que provoca la pérdida de puestos de trabajo— hay varios informes técnicos de análisis de viabilidad y proyectos de reconversión. La ley española que prohíbe fumar en el trabajo y que limita las condiciones para hacerlo en cafeterías y restaurantes tuvo un efecto inmediato sobre millones de ciudadanos cuando entró en vigor en 2006. Una investigación que demuestra los efectos secundarios nocivos que provoca un medicamento implica la retirada del mercado del mismo y la angustia de las personas que lo han estado tomando durante años.

Veamos con más detalle los efectos sobre el ejercicio del poder que tienen las convenciones de dos géneros:

1. *Cartas de queja*: es un canal de comunicación cada día más habitual y formalizado tanto en instituciones públicas que quieren profundizar en su filosofía democrática como en comercios y empresas que aspiran a mejorar sus servicios. En ambos casos se entiende este género como una posibilidad para descubrir debilidades en el sistema, para potenciar las mejoras y para fidelizar a los clientes. Desde la óptica del consumidor o del ciudadano, se trata de una de las pocas vías legitimadas para denunciar los abusos y, en definitiva, para criticar a las instituciones y a la organización establecida en la comunidad.

Tuve la oportunidad de trabajar en dos ocasiones, una en un ayuntamiento y otra en un banco, formando a los redactores de respuestas a quejas. Aprendí mucho sobre las circunstancias y las características de este género. Las quejas formuladas con enfado, ironía, agresividad o amenaza —e incluso con insultos velados— pierden credibilidad porque el autor se autodescualifica. Al contrario, una causa expuesta con tono cordial y objetividad gana fuerza. La formalidad y el tratamiento de *usted/es* tiene más credibilidad que el estilo coloquial, con tuteo. Las quejas más precisas, que aportan datos empíricos completos, también tienen más fundamento que las que sólo comentan generalidades o vaguedades. Pero las quejas escuetas y directas son más eficaces que las prolijas y barrocas. Finalmente, las personas que se quejan muy a menudo por diferentes motivos —aunque puedan tener fundamento— acaban perdiendo la credibilidad de sus destinatarios. En definitiva, según cuáles sean las elecciones discursivas que tome el autor al escribir su queja, tendrá más o menos posibilidades de que se le haga caso.

2. *Currículum y test*: el currículum escolar fija los contenidos y los objetivos que deben tratarse en la educación y, por defecto, los que no deben tratarse. Los test proceden del mismo modo: al medir si alguien sabe o no sabe algo o tiene o no una habilidad, se desatienden otros contenidos y habilidades que no son evaluados —y que pueden tener igual o más interés para el sujeto y su comunidad—. Al establecer esta distinción se legitima la discriminación entre los que saben (los educados o los que han aprobado) y los que no saben (los que no tienen educación o los que suspendieron), sin tener en cuenta las particularidades de cada grupo. Veamos dos ejemplos.

Los test de comprensión lectora son un buen ejemplo del poder que tienen estos documentos educativos. Supuestamente evalúan la capacidad de comprender escritos de la población escolar de un país, en el idioma oficial del mismo y con temas de interés general, aunque los niños puedan tener lenguas maternas distintas, puedan vivir en entornos variados (ciudad o pueblo; montaña, llano o selva) y tener culturas y conocimientos previos dispares. Obviamente, los niños cuya lengua materna coincida con el idioma instrumental de la prueba y cuya cultura y entorno sea más afín con los temas de los textos leídos tienen más posibilidades de ofrecer un mejor rendimiento que el resto. Pero estos detalles no se tienen en cuenta.

Unas doctorandas chilenas me ofrecieron otro ejemplo, delicioso, sacado de un test de matemáticas para niños. Se les preguntaba: «En el corral hay cinco polluelos, pero dos se van a comer fuera: ¿cuántos quedan?». La respuesta lógica que esperaba el test era 3 y ésta fue la que dieron los niños urbanos, pero los hijos de campesinos respondieron: 0 porque sabían que los tres supuestos polluelos no se quedarían solos porque seguirían a sus hermanos. Como el test sólo atiende a la lógica matemática y prescinde del conocimiento cultural campesino, no acepta como buena esta respuesta, de modo que sus autores serían discriminados por no responder de acuerdo con aquellos criterios.

Sólo un currículum abierto y flexible, centrado en el aprendiz, puede evitar estos efectos sobre la población escolar. También sólo los exámenes más locales, centrados en los saberes de los aprendices en su comunidad correspondiente, pueden neutralizar estos efectos perniciosos.

En definitiva, los escritos —con sus convenciones de género— son instrumentos para ejercer el poder en la sociedad. En las instituciones de cada comunidad, los utilizamos para desarrollar nuestras prácticas sociales y para conseguir que las actividades y las tareas se cumplan.

1.2. Análisis de géneros escritos

Guía para analizar géneros

Ejemplificaré ahora las tesis del apartado anterior comparando dos escritos particulares procedentes de disciplinas bien distintas: la Odontología y la Justicia. En los anexos finales puede consultarse:

a) el artículo científico titulado «Tratamiento inmediato de las luxaciones dentarias», de la doctora argentina Lucía P. De Blanco, publicado en dos revistas electrónicas (Anexo 1) y
b) la sentencia judicial del juicio declarativo ordinario nº 108/02-1ª-B, del Juzgado de primera instancia número 27 de Barcelona (Anexo 2), so-

bre un tema curioso y con una cierta dimensión pública.

Se trata de dos ejemplos de géneros discursivos: el *artículo de investigación*, probablemente el género más estudiado por la lingüística, y la *sentencia judicial*, uno de los escritos más relevantes en el ámbito de la justicia. En ambos casos, como veremos, los escritos reflejan muchos de los rasgos paradigmáticos del género correspondiente, aunque no sean ejemplares prototípicos. Para analizarlos podemos leerlos atentamente primero y luego responder a estas preguntas:

Preguntas para analizar un género

Aspectos contextuales y socioculturales:

1. ¿Quién es el autor? ¿Cómo se presenta? ¿Con qué imagen (*face*, cara, máscara)?
2. ¿Quién es el lector? ¿Cómo se representa? ¿Con qué imagen? ¿Qué grado de formalidad presenta el género?
3. ¿Cómo se distribuye el texto? ¿Cuál es el canal? ¿Qué características tiene?
4. ¿En qué ámbito social y/o cultural se usa el género (disciplina, sector, instituciones)? ¿Qué función desempeña? ¿Cómo se escribe y lee? ¿Cómo se elabora? ¿Qué métodos y procedimientos se utilizan?
5. ¿Qué valor social tiene el género? ¿Qué estatus social tienen los lectores y los autores?
6. ¿Cuál es la historia del género? ¿Qué orígenes tiene?

Aspectos discursivos:

7. ¿Qué estructura tiene el género? ¿Cuáles son sus partes o componentes principales?
8. ¿Cómo se organizan los apartados y los párrafos? ¿Qué secuencias discursivas utiliza (argumentación, narración, diálogo, instrucción, descripción)?
9. ¿Cómo se referencian las fuentes (otros autores, discursos, pruebas)?

10. ¿Utiliza otros códigos (matemática, química, lógica, informática)? ¿Qué recursos no verbales usa (mapas, esquemas, dibujos, fotos)? ¿Utiliza recursos electrónicos (audio, vídeo, reproducciones virtuales)?
11. ¿Qué recursos tipográficos utiliza (negritas, cursivas, mayúsculas, títulos internos)?

Aspectos gramaticales y léxicos:

12. ¿Hay términos, expresiones o fraseología especializada? ¿Cuáles? ¿Qué grado de especificidad tienen?
13. ¿Qué estructuras sintácticas utiliza? ¿Frases simples o compuestas? ¿Qué signos de puntuación?
14. ¿Qué grado de legibilidad tiene? ¿Se puede comprender con una sola lectura?

Comparemos ahora las respuestas para los dos géneros:

Aspectos socioculturales y contextuales

Incluye los elementos básicos del acto comunicativo: el emisor, el receptor, el canal, el contexto espacio-temporal y los propósitos que desarrolla el género en su ámbito. También aporta luz conocer datos sobre el origen y la historia del género y su interrelación con las instituciones, aunque difícilmente puedan conocerse estas cuestiones sólo a partir de la lectura de ejemplos.

En el artículo científico los datos se recogen empíricamente de la realidad, por lo que se intenta «borrar» la presencia del investigador para que los datos parezcan más objetivos y neutros. El texto se dirige a una comunidad amplia y exigente de científicos, por lo que se busca claridad, concisión y convencimiento. El científico autor depende de la publicación de artículos para obtener fondos para futuras investigaciones, de modo que se esfuerza por publicar y por hacerlo con impacto, buscando calidad, rigor y originalidad.

	Artículo científico	Sentencia judicial
El autor	Va firmado con nombre y apellidos y el tratamiento de *doctora*, pero se esconde su presencia en la prosa. Hay una mención nominal («al consultorio del autor»), impersonalidad («se consigue», «se realiza», «se puede hacer morder», «no poder efectuar», «se analizó», «se obtuvo») y pasiva («fueron remitidos»). El estudio es el sujeto: «El estudio abarcó», «El presente estudio demuestra». El autor suele encargarse de redactar y de obtener los datos.	El texto empieza con «Vistos por Dª Yolanda A. C., Magistrado-Juez [...] pronuncio [...] la siguiente sentencia» y termina con «DEBO ABSOLVER Y ABSUELVO». Dentro conviven la impersonalidad («se han observado», «desestimando», «al parecer de quien resuelve») y las referencias situadas («este juzgado», «nos encontramos»). Sin embargo, el juez suele redactar sólo el Fallo y los Fundamentos, mientras que el resto lo redactan funcionarios del juzgado.
El lector	Sin referencias explícitas. Deducimos por el canal (*Odontored y Salud y Sociedad*) que se dirige a odontólogos y otros profesionales de la salud. La terminología usada exige un lector especialista. El lenguaje es corriente y la formalidad media.	Sin referencias explícitas. Las repeticiones, la abstracción, los párrafos extensos, las fórmulas arcaicas («amén de», «suplicando», «pedimientos») y la sintaxis compleja sugieren un lector especializado y acostumbrado a este estilo. El grado de formalidad es alto.
El canal	Revistas de investigación y divulgación científica, dirigidas a especialistas, con procesos rigurosos y complejos de selección y revisión por pares de los originales, que velan por la calidad, la novedad y el interés. Limitan la extensión del artículo y la presentación formal. Actualmente están emigrando hacia Internet y buena parte del proceso de producción ya es electrónico.	Se distribuyen fotocopias del original para las partes (procurador, abogado y demandante y demandado) por fax, correo postal o a mano. Todas las sentencias se indexan en bases de datos (con las iniciales de los afectados) y se pueden consultar en la Red, pero sólo algunas merecen el interés de la comunidad. No hay límite de extensión y la elaboración sigue siendo analógica (papel e impresión).

Ámbito y función	Odontología. Aporta conocimiento nuevo, que se elabora a partir del método científico (observación, medición y descripción empírica de la realidad), y que se transmite con objetividad, imparcialidad y precisión. El conocimiento sirve para mejorar la salud y la calidad de vida de los afectados por traumatismos dentarios.	Proceso judicial. Resuelve una demanda interpuesta por un ciudadano contra otro por intromisión ilegítima en el honor. Los hechos y las acciones de los litigantes proceden de la documentación previa del proceso, que la jueza recoge. Su interpretación, la aplicación de los fundamentos de derecho y el fallo final los emite la jueza.
Valor y estatus	Es el género científico más exigente y prestigioso, aunque no aporta forzosamente reconocimiento económico o social al autor. Sólo algunos investigadores de primer nivel consiguen premios y popularidad. Leer artículos de investigación es imprescindible para estar actualizado dentro de la disciplina correspondiente.	Es un género muy relevante en el ámbito judicial, ya que concluye los litigios. También es muy prestigioso e influyente, porque crea jurisprudencia y estilo (no en este caso). El estatus de juez es independiente de la calidad del texto, lo cual impide que obtenga reconocimiento social o económico por ello.
Historia	Surge en el siglo XVII a partir de las cartas privadas que se mandaban los científicos europeos para comunicarse sus hallazgos. Era el canal más rápido y seguro, porque evitaba la Inquisición y la costosa y lenta edición de libros. De la nota informativa y el «descubrimiento» incidental se pasa a la descripción de «experimentos» intencionales. El interés por la metodología y la evidencia empírica sustituyen poco a poco a la especulación y las citas de autoridad (Bazerman, 1988; Swales, 1990).	Surge en el siglo XIII en Europa a partir de la recepción de la lógica de Aristóteles. La sentencia utiliza esta argumentación deductiva para relacionar los hechos probados con los derechos y las leyes vigentes y alcanzar así la resolución. Sus tres partes («Hechos probados», «Derechos» y «Fallo») se corresponden a grandes rasgos con los tres componentes del silogismo aristotélico. Las invocaciones a la divinidad y a los evangelios de la época medieval desaparecieron en la modernidad (De Montagut Estragués, 2005).

En la sentencia judicial el fallo emana directamente de la autoridad de la jueza: es ella quien *pronuncia* el fallo —como especifica este formulismo—. Puesto que el texto sólo se dirige a los afectados y éstos están asesorados por procuradores y abogados, se mantiene hermético y barroco, con formulismos arcaicos y una redacción y un tono tradicionales —que se alejan del habla corriente—. El éxito laboral de los jueces no depende de la calidad de sus sentencias tan directamente como el de los científicos de la calidad de sus artículos, por lo que no hay presión para que las sentencias se renueven como lo hacen los artículos.

Cabe destacar que ambos géneros son la culminación de procesos largos, complejos y costosos de obtención de datos. Detrás de una investigación científica hay proyectos, informes, protocolos de laboratorio, expedientes de pacientes, estadísticas, fotografías, etc. Detrás de una sentencia hay una demanda, requerimientos, pruebas, juicios orales, interrogatorios, etc. En ambos procesos pueden intervenir muchas personas, que trabajan en el seno de instituciones legitimadas por la sociedad (universidades, juzgados, despachos de abogados).

Aspectos discursivos

Se refiere a la organización del discurso en el plano supraoracional: los apartados y subapartados, los párrafos, las secuencias discursivas o los códigos no verbales.

Ambos géneros han desarrollado su estructura a lo largo de varios siglos, para que se adapte a sus finalidades sociales, al procedimiento de construcción del conocimiento y a la institución y ámbito correspondientes. En el artículo científico, la fórmula «Introducción-Metodología-Resultados-Discusión» pone énfasis en los datos obtenidos a partir de la metodo-

	Artículo científico	Sentencia judicial
Estructura	El «Resumen» inicial en español e inglés sintetiza las ideas principales y selecciona al lector. La «Introducción» resume el estado del conocimiento e identifica un «agujero» que ocupará el artículo. «Materiales y métodos» detalla el corpus de pacientes analizados y el procedimiento para obtener datos. «Resultados» especifica los datos obtenidos y «Discusión» los valora, además de sugerir medidas y aplicaciones. La «Conclusión» repite las aportaciones relevantes. Es la estructura prototípica de buena parte de los artículos científicos, conocida como «Introducción-Metodología-Resultados-Discusión».	Después de los datos iniciales (partes, juzgado, fecha), los «Antecedentes del hecho» exponen los hechos jurídicos y los «Fundamentos de Derecho», la vinculación entre éstos y la ley y la jurisprudencia aplicables, con sus referencias técnicas y razonamientos. Cada hecho y cada fundamento se numeran con un ordinal. El «Fallo» introduce la decisión de la jueza. En las sentencias penales, es prescriptivo que los «Antecedentes» especifiquen los «Hechos probados» —pero no en las civiles, como ésta—. Se trata de la estructura prototípica de las sentencias judiciales españolas y europeas.
Apartados	Abundan los párrafos breves de menos de tres oraciones y cincuenta palabras, con alguna excepción. Cada apartado tiene entre dos y nueve párrafos, fotos aparte. Hay exposición de conceptos y procesos en la «Introducción» y en «Materiales y métodos», además de una clasificación técnica; se describe en los pies de foto, y se argumenta en los «Resultados», la «Discusión» y la «Conclusión».	Los párrafos suelen ser muy extensos (entre cien y novecientas palabras) en «Antecedentes» y «Fundamentos», además de constar de un único punto y seguido. En los datos iniciales y el «Fallo» hay párrafos más corrientes. Hay narración y descripción en «Antecedentes» y argumentación en «Fundamentos». Al tener que referirse a declaraciones y discusiones previas, abunda el estilo indirecto.

	Artículo científico	Sentencia judicial
Referencias	Se citan 23 manuales, guías e investigaciones recientes en español e inglés, en la «Introducción» y la «Discusión». Se detallan en la bibliografía final (con autor, título, publicación, fecha y páginas) y se indican en el texto con superíndices numéricos, como si fueran notas. Se acumulan varias citas en un mismo lugar.	Se citan la Constitución y varias leyes y sentencias españolas, en «Fundamentos». Es un requisito que se citen en el interior del texto de modo completo, especificando artículo, párrafo y fecha para las leyes, y tribunal, número y fecha para las sentencias. Hay dos citas literales de 88 y 53 palabras. Se usan algunas siglas (LO: Ley Orgánica; STC: Sentencia del Tribunal Constitucional).
Códigos	Incluye algunas cifras y porcentajes. Las 21 fotografías ampliadas tienen un papel fundamental; muestran luxaciones después del accidente y durante y después del tratamiento. También hay radiografías. En ambos casos, los pies de foto describen minuciosamente la imagen.	Sólo se utiliza la palabra. Algunas sentencias pueden incluir cifras y fórmulas matemáticas para determinar indemnizaciones o pagos, pero también es habitual que la fecha inicial de la sentencia o los meses de las leyes citadas se escriban con letra, por seguridad y claridad.
Tipografías	Hay dos tamaños de letra: pequeña para el resumen y más grande para el cuerpo del texto. Se subrayan los títulos internos y la mayúscula destaca algunos términos («AVULSIÓN»). El color marrón identifica los pies de foto, y las comillas dobles, algunas palabras con significado especial: «de riesgo», «evitables».	Tamaño único de letra. Se utiliza la mayúscula para los títulos y para destacar algún vocablo («EN NOMBRE DE S. M. EL REY, DESESTIMANDO»). Para los ordinales de cada párrafo se usa negrita.

logía empírica y distancia al sujeto de los mismos. En la sentencia, la fórmula «Antecedentes-Fundamentos-Fallo» permite argumentar deductivamente la resolución como una consecuencia lógica de aplicar la ley a los hechos probados.

Cabe destacar que el artículo científico construye su conocimiento a partir de la observación empírica de la realidad y pone énfasis en los datos, por lo que las citas de otros trabajos son menos relevantes, se concentran en la «Introducción» y la «Discusión» y se segregan del texto. También es más importante la presencia de otros sistemas de representación del conocimiento: fotografía, cifras, estadística, que se consideran más informativos y fiables que la palabra. En cambio, la sentencia judicial pone énfasis en los fundamentos de derecho y en la jurisprudencia aplicable, de manera que todo el conocimiento se formula verbalmente y las citas adquieren más relevancia, por lo que se citan al completo, en el interior del texto y en el apartado central de «Fundamentos».

Aspectos gramaticales y léxicos

Se refiere a la selección de palabras y estructuras dentro del ámbito de la oración.

Los manuales de redacción científica más modernos prefieren un estilo llano y cercano al lenguaje corriente. Recomiendan las oraciones breves, evitar el estilo nominal y aprovechar la tipografía para ayudar al lector a comprender. Cada día es más habitual que los investigadores de todos los campos se formen también en las técnicas para redactar de manera clara y simplificada.

En el ámbito judicial, los formularios de documentos también empiezan a adoptar esta línea simplificadora, pero son más recientes y han tenido menos repercusión. Quizá también la comunidad jurídica y

	Artículo científico	Sentencia judicial
Terminología	Proporción elevada de terminología sobre anatomía («tabla ósea vestibular», «apófisis alveolar», «articulación temporomandibular», «protusión maxilar») y odontología («tracción coronaria por palatino», «férula», «braquets», «periodontal»), con mucha especificidad. También abundan términos menos específicos: «hematoma», «solución fisiológica», «traumatismo».	También hay mucha terminología, pero menos opaca y más divulgada y accesible («notoriedad pública», «veracidad», «circunstancias concurrentes», «intromisión ilegítima», «doctrina jurisprudencial»), con alguna excepción («litis», «auto», alguna expresión latina como «*animus infamandi*»). Hay algunos formalismos arcaicos: «EN NOMBRE DE S. M. EL REY», «DEBO ABSOLVER Y ABSUELVO».
Sintaxis	Predominan las oraciones breves (menos de treinta palabras) y las estructuras simples, sin subordinación compleja o extensa ni incisos, con alguna excepción. Predomina el tiempo presente, excepto en los «Materiales y Métodos» y los «Resultados», que usan el pretérito perfecto. A veces se usa la coma para separar oraciones.	Predominan las oraciones largas y las estructuras complejas, con incisos y gerundios, a menudo incorrectos («admitiéndose», «terminando», «mostrando»). Algunas oraciones tienen más de 700 palabras. Predomina el tiempo pasado en «Antecedentes». Hay numerosos subjuntivos en «Fundamentos». En los datos iniciales y el «Fallo» se usa el presente con valor performativo: «pronuncio», «debo absolver y absuelvo».
Legibilidad	Se lee con facilidad, incluso no siendo experto, aunque la terminología sea difícil. Algunos párrafos requieren varias lecturas. La estructura y la tipografía orientan al lector. Las fotografías muestran bien lo descrito.	Se lee con dificultad a causa de la sintaxis, los párrafos y del elevado grado de abstracción. La tipografía y la presentación tampoco ayudan al lector.

judicial se resista más al cambio. Pero no todas las sentencias utilizan la sintaxis barroca del ejemplo. Fíjense en la sentencia de la Audiencia Provincial de Barcelona sobre la apelación del mismo asunto (sección undécima, rollo n° 253 / 2003; Anexo 3), que usa una sintaxis más moderna y simple. Esta segunda sentencia se aproxima al modelo de lenguaje llano y accesible que hoy proponen los círculos más progresistas, mientras que la primera constituye un ejemplo de lo contrario.

Respecto a esta sintaxis tan peculiar, cabe recordar que durante casi un siglo fue vigente en España una norma que exigía a los jueces redactar las sentencias como si fueran una sola oración, introduciendo cada hecho con un «resultando» y cada fundamento de derecho con un «considerando». Se trata de los artículos 142 de la ley de enjuiciamiento criminal (1885) y 372 de la de enjuiciamiento civil (1881). Sin duda ésta es la causa del abuso de gerundios y de párrafos y oraciones tan desmesurados.

Implicaciones pedagógicas

El análisis comparativo de estos dos ejemplos de género sugiere estas implicaciones pedagógicas:

1. El uso de la escritura que se hace en cada disciplina es particular. Cada disciplina desarrolla su propio repertorio de géneros, con estilo, estructura, conocimiento y funciones diferentes.
2. Las formas que adopta esta escritura —los géneros— están imbricadas con la práctica profesional. Aprender a ser un buen profesional requiere aprender a ser un buen lector y escritor de los géneros de la disciplina correspondiente. El buen científico debe poder formular hipótesis y objetivos de investigación, revisar

los estudios previos, recoger los datos en una estadística, saber interpretarla o saber redactar las conclusiones y la discusión, con un estilo neutro y objetivo. El buen juez debe poder sintetizar los hechos ocurridos en los «Antecedentes», debe saber usar y citar las leyes y debe argumentar sus razonamientos jurídicos o conocer los formulismos propios de la sentencia.
3. La forma y el contenido de cada género están estrechamente interrelacionados. La estructura prototípica del texto determina los métodos con que se obtiene el contenido y la perspectiva que debe adoptar el profesional. El estilo establecido por la tradición también condiciona la presentación de los datos y la forma en que los lectores los leen y los utilizan en su actividad profesional.
4. El género contribuye a construir el conocimiento de cada disciplina, a definir la identidad del autor y a ejercer el poder que se le otorga, a través de las funciones que realizan los discursos dentro de las instituciones.

2
EL COMENTARIO DE TEXTOS

> Las dificultades [de los estudiantes] para comprender lo que leen en la universidad no se deben a que carezcan de una habilidad o técnica elemental y generalizable, sino a que al ingresar en los estudios superiores se ven enfrentados a nuevas culturas escritas, correspondientes a los distintos campos de estudio. Para llegar a pertenecer a estas culturas, los alumnos —entre otras cosas— deberán cambiar su identidad como pensadores y analizadores de textos.
>
> PAULA CARLINO, 2005, pág. 86

> ¿Qué [...] pretendemos que el alumno explique [...] cuando le proponemos un *texto* para su «comentario»? ¿Se intenta favorecer el espíritu crítico, la originalidad y la creatividad de los estudiantes, o por el contrario se les incita a la reproducción mecánica, apresurada y rutinaria de una serie indiscriminada de lugares comunes?
>
> ESTEBAN TORRE, 1992, pág. 350

En este capítulo analizo los fundamentos, las características y la utilidad que pueda tener hoy el *comentario de texto*. El apartado 2.1 expone los rasgos que tenía y la función que ocupaba el comentario de textos literarios hace algunas décadas, antes de la llegada de las propuestas educativas activas y comunicativas. Aunque me referiré a la situación educativa española, creo que mis reflexiones son útiles o aplicables a otros contextos.

En el apartado 2.2 voy a defender que comentar textos es una práctica auténtica de comunicación, fuera de los centros académicos. Estudiaré sus características y las habilidades y los procesos que dicha práctica requiere, para poder delimitar después los rasgos didácticos que debería tener en el aula para ser más eficaz.

Los siguientes apartados se centran ya en la práctica. El apartado 2.3 fundamenta una propuesta de aula y sugiere algunas ideas para trabajar con los textos, antes de la lectura, durante y después. El apartado 2.4 analiza con detalle un caso: una columna de opinión permite mostrar algunas de las aportaciones que las ciencias del lenguaje actuales han hecho al comentario de texto, para convertirlo en una tarea útil para el aprendizaje de las destrezas de comprensión, producción y reflexión lingüística. Finalmente, el apartado 2.5 ofrece ideas para explotar en el aula un material interdisciplinario accesible como el periódico.

2.1. La herencia literaria

La tarea de comentar

No es gratuito que algunos términos de didáctica de la lengua tengan unas connotaciones particulares. Denominaciones como «dictado», «análisis sintáctico» o «redacción» poseen para muchos adultos significados cualitativamente diferentes a vocablos como «oralización», «análisis fonético» o «lectura comprensiva», que también forman parte del vocabulario de la didáctica. Los primeros remiten a una tradición magistral y memorística de enseñanza de la lengua y denominan precisamente las tareas prácticas que realiza el alumno. Si lo corriente en esta tradición era que el aprendiz dedicara la mayor parte del tiempo a escuchar al docente, que transmitía o explicaba verbalmente el conocimiento objeto de aprendizaje, lo que requiere ser denominado es precisamente el resto: las tareas particulares que realiza el alumnado.

Resulta interesante explorar el significado que adquiere la denominación «comentario de texto» en otras tradiciones. En catalán tiene el mismo significado y las mismas connotaciones que en español, pero no así en otras culturas. En Gran Bretaña, la enseñanza de la lengua materna en secundaria (11-16 años) se parece a la tradición española y también atribuye notable importancia al *textual commentary*, aunque no disponga de manuales y ejemplarios impresos como nosotros. En épocas posteriores, esta tradición fue sustituida por modelos comprensivos y comunicativos de educación, hasta el punto de que los actuales diccionarios de didáctica no recogen este término.

En Francia y Alemania, la práctica de comentar textos también es frecuente entre los 12 años y la universidad. El comentario más filológico de literatura se ha ampliado con tipos de texto variados y con un enfoque más discursivo que atiende a las formas de inscripción del enunciador, a la estructura argumentativa o a otros aspectos, según la tradición filológica de cada lengua.

En España y en buena parte del ámbito hispano, el «comentario de texto» forma parte de este póquer didáctico —junto con el «dictado», el «análisis arbóreo», la «redacción» o la «lectura en voz alta»— que designa las actividades en las que el aprendiz entra en contacto directo con la lengua meta, sin la mediación del docente, y en las que tiene que desarrollar conductas autónomas de uso o reflexión lingüísticos con cierta creatividad. Cabe destacar que la vitalidad de algunas de estas tareas fuera del aula es relativa: en el trabajo, en la familia o con amigos nunca analizamos arbóreamente las oraciones ni escribimos redacciones o comentarios de texto, y tenemos sólo escasas oportunidades de dictar o leer en voz alta. La utilidad de estas prácticas deriva entonces de su supuesto poder didáctico: preparan para poder hacer con éxito otras prácticas, más auténticas y útiles.

La importancia del cometario de texto aumenta en España —incluso dramáticamente— al ser uno de los ejercicios estrella en varias disciplinas académicas (comentario lingüístico, filosófico, histórico) y en pruebas decisivas como la selectividad universitaria o las oposiciones al cuerpo de funcionarios docentes de secundaria. Por ejemplo, la prueba de acceso a la universidad (la selectividad) es quizás el examen más importante en España, junto con el de conducir, e incluye uno o varios comentarios de texto.

Así, el terror que muchos aprendices sentían —y sienten todavía— al enfrentarse a un comentario proviene tanto de las características de la tarea como de su trascendente valor social. Se trata de un ejercicio individual, creativo, no memorizable e imprevisible (en algunas ocasiones incluso se pide adivinar el autor del texto). En lo social, el comentario de textos permite acceder a la enseñanza superior, conseguir un puesto de trabajo u obtener éxito académico y social. En definitiva, comentando textos muchos se juegan buena parte de su futuro y de su prestigio social.

Aunque el comentario de textos se asocie en primer lugar con las disciplinas de lengua y literatura, cabe recordar que es una práctica extendida entre todas las disciplinas. Quizá pueda tener más tradición en las letras: historia, geografía, filosofía, derecho, sociología, políticas, arte. Aquí es habitual comentar documentos históricos, mapas, teorías, leyes, estadísticas u obras de arte. Pero también se comentan textos en las ciencias experimentales, como biología, medicina, matemática, física o química, donde se comentan diagnósticos, informes, razonamientos, radiografías o estadísticas.

Manuales didácticos

La relevancia que adquirió el comentario de texto en las décadas de 1960 y 1980 provocó la aparición de muchos manuales con instrucciones y ejemplos —al estilo del actual *how to do* (Crespillo, 1992; Cuenca, 1996a)—. La inmensa mayoría se centraba en el área de lengua y literatura.

El éxito de estas propuestas queda certificado, por ejemplo, con las treinta y tres reimpresiones que ha tenido, entre 1967 (1ª ed.) y 1998, el famoso manual de Lázaro Carreter y Correa Calderón, que pasó a ser un referente ineludible para muchos. El hecho de que todavía hoy se siga reeditando un original de 1967 revela hasta qué punto el comentario de texto sigue teniendo vigencia, ¡y de qué modo se ha fosilizado su práctica didáctica!

Lo que al principio podía ser una propuesta metodológica pautada y detallada, diseñada para orientar una tarea compleja, se fue convirtiendo poco a poco en una norma rígida. El comentario de textos se mecanizó, se simplificó y esquematizó. Se convirtió poco a poco en un método con etapas sucesivas, unidireccionales y obligatorias. Siguiendo a Lázaro Carreter y Correa Calderón (1974, págs. 25-48), éstas son las etapas sucesivas del comentario literario:

1. *Lectura atenta del texto*, para comprenderlo —¡que no es interpretarlo!—. Se buscan en el diccionario todas las palabras difíciles.
2. *Localización* del texto que se comenta. Se debe situar el fragmento en su conjunto (obra completa, autor) y la obra en su contexto histórico-social.
3. *Determinación del tema*. Denominación o resumen con pocas palabras del significado, del contenido o del argumento del texto.

4. *Determinación de la estructura* o enumeración de las partes o componentes que conforman el texto.
5. *Análisis de la forma partiendo del tema* o identificación de interrelaciones entre forma y fondo (a partir del principio de que «el tema de un texto está presente en los rasgos formales de ese texto»).
6. *Conclusión* o síntesis de resultados. Se resumen los análisis anteriores y se añade una «impresión personal» del texto.

Las actualizaciones de esta secuencia se centran en los procedimientos, sin modificar la concepción de la tarea. Las propuestas más modernas y completas añaden una perspectiva pragmática, incorporan los conceptos de «género», «tipo de texto», «coherencia», «cohesión», etc. También se distinguen las fases de «aproximación al texto», «planificación del comentario» o «redacción del mismo». Fomentan el desarrollo de los procesos de composición del texto comentando e insisten en la necesidad de releer varias veces el original con objetivos diferentes (comprender la idea general, buscar detalles relevantes, hacer inferencias).

Del mismo modo que se han desarrollado estos protocolos metodológicos, el comentario resultante —el producto escrito de salida— también se ha fosilizado: parece improbable que un comentario hoy no disponga de *localización* del texto (autor, época, obra), *resumen del tema, análisis estructural* u *opinión personal*. Así es como una actividad teóricamente interpretativa, autónoma y creativa adquirió paulatinamente la artificiosidad de una verdadera *autopsia textual*.

Rasgos principales

Veamos ahora algunas particularidades de esta tradición de comentar textos:

1. *Textos literarios*: se comentan solamente muestras clásicas y escritas de la literatura cuya lengua es objeto de aprendizaje. Se utilizan todo tipo de géneros (poesía, narración, teatro). En mi opinión, este planteamiento esconde varios presupuestos que son discutibles:

a) que la enseñanza de la literatura deba relacionarse con el aprendizaje lingüístico y que las mejores obras de una tradición literaria deban ser los modelos lingüísticos del aprendiz;
b) que la literatura que es objeto de estudio sea la clásica para adultos (y no la infantil o juvenil, la oral o audiovisual), o
c) que la aproximación a la literatura deba realizarse a partir del soporte escrito, de manera que no sea posible comentar canciones o poemas sólo «escuchándolos».

De los presupuestos anteriores, el primero constituye uno de los fundamentos de la importancia del comentario en la clase de lengua. Muchos manuales se refieren sólo al «texto literario» y al «estudio de la literatura» y omiten cualquier otro tipo de comentario en la materia de Lengua. La creencia de que literatura y lengua son disciplinas interrelacionadas y de que la segunda debe buscar en la primera los textos para leer y los modelos para escribir impone que comentar literatura sea una herramienta básica para aprender lengua.

La asociación entre Lengua y Literatura queda reforzada por otros factores, como el carácter eminentemente escrito que tenía la asignatura de Lengua hace algunas décadas, la escasa presencia de la oralidad (tradición popular, refranero) en los estudios académicos de literatura o la formación filológica literaria e idiomática de los docentes. En las últimas décadas la universidad española ha preferido la especificidad y la disciplinariedad (filología, traducción e interpretación) a la generalidad e interdisciplinariedad (filosofía y letras, humanidades o comunicación social). En otro lugar (Cassany, 1999, págs. 89-93) he razonado los perjuicios que tiene para la educación esta concepción «disciplinaria» de la Lengua y la Literatura. Al desvincular la ciencia de la lengua se llega a creer que sólo la literatura es una manifestación lingüística y que la ciencia no es un discurso verbal o un producto cultural. Se asume que las matemáticas «son el instrumento de las ciencias experimentales» y que carece de interés comentar lingüísticamente los textos científicos. Así, es sintomático que existan sólo pocas y muy recientes propuestas de comentario no literario, como López Quero y López Quero (1995) o Alberola y otros (1996), entre otros.

2. *Textos breves*: se insiste en comentar textos breves, sean completos o fragmentos, para poder analizar en profundidad el texto:

> POR QUÉ EL TEXTO HA DE SER BREVE. El ejercicio denominado explicación de textos opera en profundidad, y no en extensión. Si el texto fuera muy largo, tendríamos que limitarnos a exponer unas cuantas ideas vagas y rápidas acerca de él. La esencia de aquel fragmento se nos escaparía forzosamente (Lázaro Carreter y Correa Calderón, 1974, pág. 15).

La voluntad de profundizar o de «barrer» exhaustivamente el texto destaca, por ejemplo, en el énfasis en comprender todas las palabras que componen el fragmento (1ª fase) o en analizar «línea a línea o verso a verso» [*sic*] (Lázaro Carreter y Correa Calderón, 1974, pág. 40) las interrelaciones entre forma y fondo. Se deducen tres puntos de este hecho, a cuál más controvertido:

a) el carácter fragmentario de un texto no supone ninguna limitación para interpretarlo;
b) los aspectos más locales (estilo, selección léxica, figuras) merecen más interés que los globales (intención, sentido, estructura);
c) se presta más atención a la elaboración del comentario que a la comprensión del texto para comentar.

Hoy resulta muy difícil defender estos presupuestos, siguiendo las orientaciones contemporáneas en lingüística y crítica literaria.

3. *Producción escrita*: aunque el proceso de comentar textos incluya varias tareas de lectura, análisis e interpretación, la práctica tradicional pone énfasis en el producto resultante: en el escrito que sintetiza la opinión del aprendiz. Lo demuestra que la evaluación de la tarea se base sobre todo en la calidad del escrito y que puedan llegar a tener más relevancia los errores de redacción del mismo que las particularidades de la interpretación del texto comentado. Al ser una actividad individual y escrita, la oralidad está ausente y sólo se puede evaluar el escrito que produce el alumno.

4. *Tradición filológica*: en la universidad se distingue entre varios tipos de comentarios: filológico (dialectología, gramática histórica), lingüístico y literario (géneros, temática, estructura), jurídico (valoración de la sentencia), artístico (valoración de una obra). Éstos pueden tener propósitos específicos, más allá del significado del texto. Pero en secundaria y en bachillerato se adopta una visión más global y tradicional que sigue la tradición filológica de exégesis o crítica literaria. Se analiza la obra de un autor, los parámetros de cada género literario, las figuras retóricas empleadas, etc. Así, el objetivo del comentario

es desentrañar el significado y el valor que subyace al texto, que previamente ha sido establecido y legitimado por la tradición filológica:

> [...] en toda explicación de textos nos proponemos estos dos objetivos: **1º Fijar con precisión lo que el texto dice. 2º Dar razón de cómo lo dice** (Lázaro Carreter y Correa Calderón, 1974, pág. 15; negrita en el original).

Se concibe, pues, el comentario de textos como una actividad de respuesta única en la que el texto comentado tiene un único significado: «lo que el texto dice». Ni es plausible —o deseable— que varios lectores interpreten de modo diferente un mismo discurso, ni interesa tampoco que cada aprendiz construya su interpretación personal, basada en la lectura hecha desde una perspectiva particular. No existe «lo que el texto me dice a mí» por oposición a «lo que te dice a ti», sino que sólo existe lo que «el texto dice» (a todos, siempre y en cualquier lugar).

En descargo de estos autores, cabe destacar que reconocen la subjetividad inherente al comentario, si bien no desarrollan esta vía y su propuesta lleve implícito que cualquier texto comentado esconde un único significado:

> [...] fácilmente podemos comprender que las explicaciones de un pasaje serán distintas, según sean la cultura, la sensibilidad y hasta la habilidad de quienes las realicen. Lázaro Carreter y Correa Calderón, (1974, págs. 20-21).

En conclusión, la herencia didáctica propone comentar literatura clásica, poner énfasis en el escrito individual del aprendiz y dirigir la tarea a aclarar y precisar el significado único que supuestamente encierra el texto.

2.2. El comentario de textos en los enfoques comunicativos

Introducción

La diseminación de los enfoques comunicativos de enseñanza renovó sustancialmente el panorama didáctico esbozado. Los términos que usamos hoy distinguen habilidades comunicativas (comprensión lectora, expresión oral), géneros discursivos (carta, informe, instancia, monografía académica) o varios tipos de objetivos (actitudes, habilidades). En la educación superior, nos preocupamos de describir las competencias profesionalizadoras que debe adquirir un estudiante: lo que tiene que saber hacer un abogado, un empresario, un veterinario o un publicista (capacidad de trabajo en grupo, autonomía, creatividad).

Estas denominaciones describen de forma empírica y precisa el ámbito laboral, los usos lingüísticos y su enseñanza. Hablamos de objetivos didácticos y necesidades de aprendizaje y mucho menos de tareas o ejercicios del aula. En las áreas lingüísticas, se pretende desarrollar la reflexión lingüística y no hacer análisis arbóreo *per se*. Aspiramos a enseñar a comprender un texto y a componer una argumentación en vez de hacer redacciones, dictados o comentarios de texto.

Los objetivos de aprendizaje se subordinan a las necesidades comunicativas reales del alumnado, presentes y futuras. Pierden peso específico aquellos contenidos y destrezas de dudosa aplicación a la realidad académica, laboral o social. El modelo de lengua que se enseña es el conjunto de registros y variedades que se usan en el día a día de la comunidad, dando prioridad a los más corrientes: los usos actuales, dialectales y estándar, coloquial y formal, de temática general y medianamente específica. Se relegan al dominio receptivo y a la práctica más esporádica los usos menos habituales: las variedades históricas o los registros muy formales.

En el aula, la explicación magistral del docente cede protagonismo a la actividad del alumnado. Éste pasa la mayor parte del tiempo trabajando en pareja y en pequeños grupos, conversando, leyendo y escribiendo. El énfasis en el uso de la lengua y en el desarrollo de destrezas sitúa en segundo plano la memorización de contenidos, ya sean clasificaciones de conceptos o nombres, títulos y fechas de obras u otros hechos.

Prácticas hasta entonces tan populares como el dictado o la redacción desaparecen de las aulas por todos estos motivos. Incluso algunos ejercicios —como es el caso del dictado— quedan estigmatizados como prácticas obsoletas y no comunicativas. Ésta es también, en apariencia, la situación del comentario de texto. Pero un análisis más detallado y menos simplista de los usos lingüísticos y de las características del comentario muestra que puede ser una tarea útil, si la usamos de diferente modo.

El comentario real

En la vida real, el comentario tiene estas particularidades:

1. *Actividad auténtica*: solemos comentar muchos textos día a día. A título de ejemplo, para divertirnos leemos y comentamos películas, novelas, poemas, crónicas periodísticas, programas de televisión y radio, críticas periodísticas musicales, teatrales o gastronómicas. En el trabajo, muchos profesionales cualificados deben leer documentos variados, valorarlos, discutirlos con colegas y tomar decisiones. Ocurre, por ejemplo, con informes, cartas, instrucciones, memorias, auditorías o proyectos.

También escuchamos y valoramos críticamente discursos políticos y cívicos, campañas publicitarias y declaraciones. En lo personal comentamos conversaciones, hechos, actitudes de nuestros familiares, amigos y colegas. En resumen, los *textos comentados* son escritos y orales, verbales y no verbales, artísticos y corrientes, pero los *discursos comentandos* son siempre verbales, más orales que escritos. También comentamos cuadros, esculturas, fotografías, estadísticas o cómics.

Además, el propósito de comentar textos es auténtico y espontáneo: queremos informar a otros de nuestras opiniones y queremos conocer las opiniones de los demás sobre lo que leemos. En algunas circunstancias, el comentario profesional de documentos precede la toma de decisiones trascendentes con enormes consecuencias.

2. *Actividad compleja*: el comentario es una tarea compleja que requiere varias habilidades lingüísticas y procesos cognitivos. Sin entrar en detalles, cabe distinguir:

a) la recepción y comprensión del texto, que incluye los procesos de percepción visual y auditiva, la activación de conocimiento previo, la contextualización del texto o la inferencia de implícitos;
b) la construcción de interpretaciones y opiniones, que incluye la formulación de hipótesis, su verificación, la discriminación de datos relevantes, el desarrollo de puntos de vista; o
c) la expresión de juicios, que incluye el conjunto de procesos implicados en la producción discursiva (planificación, textualización y revisión).

Dichas fases no son lineales, sucesivas o espontáneas, sino que requieren tiempo y elaboración. Por ejemplo, la opinión sobre una película no se nos ocurre instantáneamente mientras la vemos o inmediatamente al finalizar su proyección, sino que la elaboramos con tiempo mientras pensamos en ella, mientras la recordamos, cuando hablamos con los amigos después del cine, tomado una copa.

3. *El habla como herramienta*: a menudo la oralidad desempeña funciones instrumentales importantes en los distintos procesos de comentar textos. Dado que numerosas situaciones de comentario son colectivas, utilizamos el diálogo para construir cooperativamente nuestras interpretaciones, al margen de que tengan o no que escribirse. Al hablar:

a) verbalizamos nuestros pensamientos y sensaciones, los formulamos a un interlocutor para que pueda comprenderlos; una intuición o una impresión embrionaria se convierte así en unas cuantas oraciones concretas, con sentido, elaboradas verbalmente;
b) escuchamos los pensamientos y sensaciones de nuestro interlocutor; confirmamos y reforzamos los mismos o los rechazamos;
c) reformulamos nuestro punto de vista inicial; lo enriquecemos con las aportaciones del interlocutor, construyendo una interpretación más social, compartida.

Así, los críticos de arte o literatura pueden conversar con colegas y compañeros sobre la obra en cuestión y elaborar oralmente las ideas que después verterán en su escrito; los auditores de una empresa pueden analizar en equipo y durante una reunión formal una determinada documentación y cooperar en la redacción del informe evaluador. En definitiva, las diferentes modalidades del habla (diálogo, debate, conversación informal) se convierten en una herramienta fundamental para construir las opiniones del comentario.

Carece de fundamento la idea de que se debe escribir un comentario en silencio. En la vida real, las cuatro destrezas lingüísticas (escritas/orales, productivas/receptivas) no se ejercitan por separado, sino que se integran unas en otras. Tampoco es cierto que no se pueda tomar nota o mirar unas notas cuando se habla. En la vida real anotamos las ideas que nos gustan, preparamos un guión para una intervención oral, nos apoyamos constantemente en la escritura para hablar y en el habla para encontrar ideas para escribir. También saltamos constantemente del rol de lector al de autor, y viceversa.

4. *Interpretación y argumentación*: es corriente que los hablantes discrepemos al comentar textos, que cada uno adopte una mirada particular y que ofrezca valoraciones, interpretaciones o consideraciones personales, con diferentes grados de coincidencia. Al exponer nuestro punto de vista, intentamos ofrecer un discurso claro, coherente, que busca mostrar los fundamentos de la interpretación, razonar su lógica o argumentar a su favor. El intercambio de puntos de vista puede perseguir varios propósitos. Una conversación animada entre copas, después de ver una película, sólo pretende entretener. Pero en una reunión profesional de especialistas para tomar una decisión técnica, las intervenciones de cada uno pretenden convencer al resto y debe poner fin al debate una decisión más o menos unánime. En ambos casos, la interpretación es dinámica: el contraste de puntos de vista elabora y modifica la comprensión del texto y viceversa.

Esta constatación encuentra correlatos ilustres en los estudios de estética de la recepción, en el campo de la crítica literaria, o en los de pragmática y análisis del discurso, como veremos en el siguiente apartado. Estas teorías sugieren que cada lector se acerca al texto desde su realidad, desde su experiencia (cultura, comunidad, ideología), y que, en consecuencia, comprende el texto a su manera. El intercambio y la argumentación sirven para socializar estos puntos de vista.

5. *Respeto y plausibilidad*: todas las interpretaciones son respetables y deberían ser respetadas, pero no todas tienen la misma plausibilidad. Por plausibilidad entiendo varios aspectos: el grado de credibilidad de la interpretación, su coherencia interna o la cantidad y la fuerza del significado que consiga. En general, las interpretaciones más coherentes, las que tienen más fundamento, las que ofrecen más sentido o las que adquieren más repercusión social son las que despiertan más aceptación. Al mismo tiempo, las que no resisten un análisis lógico o carecen de congruencia con las circunstancias en que surgió el texto comentado caen por su propio peso.

6. *Selección parcial de datos*: nos fijamos sólo en los aspectos que merecen interés. Prescindimos del resto. Hacemos expresamente comentarios parciales y orientados hacia lo relevante. Así, puede suceder que un mismo texto reciba comentarios diferentes en situaciones distintas, según el propósito de cada caso. Raramente tenemos interés en comentar exhaustivamente todo. Incluso en los contextos más formales (auditoría, justicia), los textos se analizan sólo desde un punto de vista preestablecido, y se prescinde del resto.

7. *Diversidad de textos y temas*: en el día a día comentamos cualquier cosa que merezca interés. Comentamos escritos en el ámbito del ocio (novelas, poemas, ensayo) y en el del negocio (informes, memorias, cartas). También comentamos discursos orales (conferencias, intervenciones, conversaciones, diálogos) y audiovisuales (películas, obras de teatro, webs), obras de arte (pintura, escultura, danza), productos cotidianos (comida, vestido, edificios), acciones (hechos, incidentes) o incluso elementos más sutiles, como actitudes, sentimientos o situaciones.

Todo puede ser comentado y, al comentarlo, enriquecemos nuestra percepción y comprensión del objeto analizado.

En definitiva, comentar discursos es una práctica *auténtica* fuera de la escuela y constituye una necesidad potencial para el aprendizaje del ciudadano adulto.

Aportaciones teóricas

Para terminar hago un brevísimo repaso a las aportaciones teóricas que ha recibido el análisis de textos. El desarrollo extraordinario que han experimentado las investigaciones sobre el uso del lenguaje y sobre la teoría literaria tiene trascendencia en la práctica didáctica del comentario. Ya mucho antes de la década de 1960 —aunque en algunos casos no se hayan popularizado hasta más tarde—, varios autores y escuelas desarrollaron diversas concepciones del texto con variadas metodologías de análisis que enriquecen la aproximación filológica más clásica y que permiten superar la cotilla restrictiva que habían impuesto los manuales escolares.

En la teoría de la literatura, propuestas como las de los formalistas rusos (Jakobson, Sklovskij, Eichenbaum), la narratología de la escuela francesa (Todorov, Barthes, Greimas), la interpretación sociológica marxista (Lukács), la estética de la recepción (Jauss, Iser), el deconstructivismo (Derrida) o la «nueva crítica» anglosajona (Eliot, Richards, Crowe Ransom, Tate) han elaborado distintas concepciones del hecho literario que permiten analizar e interpretar textos literarios desde perspectivas muy diversas (Llovet [comp.], 1996).

Siguiendo la estética de la recepción (Cirlot, 1996, pág. 162), «en un texto literario el sentido no nos es dado, sino que depende del lector». Así, relecturas sucesivas de un mismo texto en diferentes épocas añaden innovaciones y modifican la comprensión; del mismo modo, una obra literaria recibe distintas interpretaciones a lo largo de la historia de la humanidad a partir del *horizonte de expectativas* (intereses, preocupaciones) de los lectores de cada época, que interpretan la obra desde su perspectiva.

En los estudios sobre el discurso, la lingüística textual, la pragmática, el análisis de la conversación, la etnografía de la comunicación, el análisis del discurso o el ACD (análisis crítico del discurso) han aportado metodologías y teorías diversas y complementarias para analizar todo tipo de discursos. Varios manuales sintetizan con acierto estas aportaciones, como Brown y Yule (1983), Maingueneau (1993), Escandell (1993), Van Dijk (1997), Álvarez (2001) o Calsamiglia y Tusón (1999). Además, ya son bastantes las propuestas que adaptan este cuerpo teórico a las prácticas de comentario para bachillerato y universidad: Cuenca (1996b), Bordons, Castellà y Costa (1998), Narvaja, Di Stefano y Pereira (2002), Carlino (2005), Marin y Hall (2005) o la colección «Comentario de textos» de Arco Libro, con títulos publicados sobre publicidad, conversación, textos polifónicos, etc.

De acuerdo con estos enfoques, los textos se insertan en contextos que inciden en su interpretación. Así, un enunciado tan sencillo como «¡Está lloviendo!» puede adquirir varios sentidos según el contexto: todavía no podemos partir (si estamos tomando café en un bar), debo recoger la ropa tendida (si acabo de hacer la colada), préstame un paraguas (si lo dice un amigo cuando se va de casa). En definitiva, un discurso tiene múltiples significados potenciales y para decidir cuál es el más plausible debemos prestar atención al contexto del acto de comunicación: quién habla, por qué, para quién, dónde y cuándo.

También se sitúan aquí los ensayos posmodernos sobre retórica y composición. Olson (1999, pág. 8) critica la «retórica de la aseveración» que domina hoy muchas ciencias. Según este autor, la pretensión de elaborar una explicación única, general y exhaustiva de un hecho (como si fuera una Teoría, con T mayúscula) es un residuo totalitarista y esencialista de la Ilustración, que menosprecia los detalles o los aspectos locales del hecho, que son los que, en definitiva, generan «conocimiento útil».

Quizá la teoría pueda ofrecer a simple vista una explicación enriquecedora de un hecho, pero a la postre se convierte en una limitación, en la propia frontera o prisión del teórico, que no puede ver más allá de su especulación. Además, la Teoría con mayúscula fomenta la adherencia a una determinada explicación de los hechos y sugiere la socarrona y falsa sensación de estar en posesión de la verdad o de haberla capturado.

Contra esta forma de pensamiento, Olson propone la crítica posmoderna basada en el acto de *teorizar* (verbo, y sin propósito de alcanzar *teorías*), entendido como una actividad exploratoria, especulativa e incluso provocativa, que permita desafiar el conocimiento establecido, que desarrolle nuevas formas de percibir los mismos hechos y que cree vocabulario nuevo para poder referirnos a ellos de manera más enriquecedora.

También sugiere que las explicaciones de un hecho (un texto) no deberían reducirse a las percepciones monoculturales de un único prototipo: el lingüista adulto, macho, blanco, de cultura europea, etc. Al contrario, la suma de distintas sensibilidades (hombres y mujeres, diversidad de razas e ideologías) alcanza una explicación más plural, relativa y rica para todos.

En definitiva, si aceptamos que cualquier mirada de la realidad contiene subjetividad, debemos aceptar que la función básica del comentario no es revelar o desentrañar *ningún* significado absoluto, previamente establecido por un docente, un libro de texto o una tradición. Se trata de facilitar que cada alumno construya *su* propia interpretación del texto y que pueda contrastarla con las de sus compañeros. De este modo podrá elaborar un conjunto de percepciones más rico y plural.

Cada interpretación es personal, relativa y verdadera —en un momento o periodo determinado—. El propósito del comentario no es alcanzar un consenso o una explicación *teórica* única, sino fomentar la actividad de teorización entre los alumnos. Éstos pueden discrepar, replicar, fundamentar, matizar, cambiar de opiniones o contraargumentar. Al sumar las distintas verdades locales podremos conseguir una mirada mucho más auténtica de la realidad que la que aporta la Verdad única, con mayúscula.

2.3. Propuesta de aula

Hacia un comentario comunicativo

Teniendo en cuenta el uso real y las aportaciones teóricas anteriores, comentaré ahora las características que permiten utilizar el comentario como práctica comunicativa:

1. *Propósitos*: la vieja concepción del comentario como «explicación» o «razonamiento» se sustituye por otra más contemporánea de elaboración cognitiva y social de significados. El objetivo de comentar no es fijar el significado intrínseco de nada, sino ayudar al aprendiz a construir interpretaciones e, indirectamente, a incrementar sus habilidades de comprensión y producción o su conocimiento del género discursivo correspondiente (de las prácticas profesionales implicadas en el texto, de los roles asumidos por los autores-lectores, de las formas de razonamiento empleadas).

Contra la búsqueda de una *interpretación* filológica que genere aceptación callada y renuncia de la sensibilidad personal, parece más estimulante la suma de los modestos, parciales y locales *puntos de vista* de cada aprendiz. Cuando se impone la idea de que la interpretación está en el sujeto que mira y no en el objeto mirado, la discrepancia emerge con normalidad, sin temor ni beligerancia. Por supuesto, el docente tiene, habitualmente, más conocimientos sobre el texto y el mundo que sus aprendices y por ello su interpretación será a menudo más completa y plausible, pero ello no impide que el alumnado pueda encontrar otros matices o perspectivas al texto.

2. *Género y práctica social*: el comentario debe asumir la interrelación entre forma y contenido y entre comprender el texto y actuar en un ámbito social concreto. Carece de utilidad intentar distinguir entre la forma y el contenido, entre lo *lingüístico* y lo *profesional*, o entre la lectura y la escritura de textos y el ejercicio de una actividad. Ambos aspectos se funden en uno. Como destaqué en el capítulo 1, al aprender el uso del lenguaje que se hace en un género, el aprendiz aprende los aspectos profesionales relacionados con el mismo.

3. *Parcialidad*: el comentario puede centrarse en lo más relevante y prescindir del resto. Hoy la didáctica otorga más relevancia a la cantidad que a la profundidad. Es más productivo que el aprendiz entre en contacto con textos variados y numerosos (que tenga un *input* o «caudal lingüístico» rico), que no que analice a fondo sólo unos pocos textos durante mucho tiempo. Diseccionar exhaustivamente un escrito —como si se tratara de una autopsia— consume, agota la capacidad analítica y carece de utilidad comunicativa o de fundamento pedagógico.

4. *Variación textual*: los textos comentados y comentandos pueden ser variados, pero tienen que ser completos y contextualizados para que la tarea de co-

mentar pueda referirse a todas las cuestiones del género discursivo. La oralidad debería tener una presencia notable, como objeto de análisis, como producto final y como herramienta de construcción de opiniones. La literatura es solamente uno de los ámbitos de los que se extraen textos para comentar, además del periodismo, la publicidad, la política o la administración —por referirnos sólo a la escritura—. Entre el repertorio de géneros de cada profesión, se tendrían que seleccionar los más frecuentes y los más centrales.

5. *Dimensión crítica*: de acuerdo con la pedagogía crítica, el objetivo de la práctica educativa no es reproducir el pensamiento ajeno (sea del docente, del libro de texto o de la tradición), sino que cada aprendiz construya su propia opinión, basada en su percepción de la realidad (Kanpol, 1994). Animar al aprendiz a desarrollar sus puntos de vista personales y a discutir los ajenos e impuestos es una actitud pedagógica fundamental. Es más estimulante para el docente y para la clase que haya discrepancia y diversidad que no coincidencia o sumisión callada. El intercambio de interpretaciones posibilita el acceso a otras percepciones y relativiza el punto de vista egocéntrico.

6. *Metodología*: las tareas de comentario deben poner énfasis en los procesos de comprensión y producción. Deberían ser más cooperativas que individuales; así, es interesante fomentar en clase la interacción entre aprendices y variar las parejas y grupos para que no siempre trabajen juntas las mismas personas. Por ejemplo, uno puede leer solo el texto, dialogar con un compañero para verbalizar la interpretación personal, contrastarla con todo el grupo, analizar algún aspecto del texto en un pequeño grupo, diseñar un esquema del comentario en pareja, escribir un borrador individualmente, revisarlo con otra pareja siguiendo una pauta, reformularlo por separado, eva-

luarlo de nuevo con un tercer compañero, etc. Es tan importante el producto final del texto comentado como el proceso de lectura, relectura y negociación de significados.

7. *Corrección*: tiene que relacionarse estrechamente con los distintos procesos y habilidades que componen la tarea de comentar. Quizá pueda ser útil que el docente corrija el fondo y la forma del comentario final (evaluación sumativa); sin embargo, también deberían prepararse tareas intermedias de evaluación formativa (pautas de autoevaluación, diálogos dirigidos con aprendices compañeros, puestas en común) que oriente al aprendiz sobre el trabajo que está realizando.

Veamos ahora algunas sugerencias para organizar el comentario de texto antes de la lectura de los géneros, durante la misma y después.

Comentar: antes de la lectura

Las actividades previas a la lectura tienen mucha importancia porque preparan al aprendiz para leer. En la vida real, al iniciar una lectura tenemos ideas más o menos concretas sobre lo que vamos a encontrar. Tenemos un propósito: buscar la farmacia de guardia, conocer las últimas noticias, entretenernos, averiguar la sinopsis de un film. Conocemos el género: cómo se estructura, qué contenido aporta, qué tono, etc. Previamente hemos recuperado de nuestra memoria las palabras que probablemente encontraremos en el escrito. De este modo resulta mucho más fácil leer. Son escasas las ocasiones en que nos enfrentamos a un texto sin tener idea de lo que es: cuando encontramos un documento en el suelo, en la fotocopiadora o cuando abrimos un libro desconocido al azar.

Por este motivo, conviene evitar que el aprendiz se aproxime a un texto en el aula sin tener interés, sin motivo ni conocimiento previo. Conviene reproducir de alguna manera las condiciones reales e idóneas de lectura:

1. *Objetivo pedagógico y propósito lecto*: sin duda el objetivo con que se acomete la lectura en la educación es el de aprender las características de un género: conocer su estructura, vocabulario básico y funciones comunicativas. También se lee para aprender contenidos de una disciplina. Pero estos objetivos pedagógicos legítimos no se corresponden con los propósitos corrientes con que leemos: raramente leemos para «aprender un género», para «ampliar el vocabulario» o para «adquirir datos». Más bien eso es la consecuencia de las prácticas de lectura que tienen otros propósitos más pragmáticos: hacer una gestión, resolver un problema o cumplir un trámite.

El objetivo pedagógico oculto debe corresponderse con propósitos reales, posibles e interesantes. Las tareas de lectura pueden centrarse en propósitos comunicativos verosímiles. Por ejemplo: ¿cuál es la tesis de este documento?; ¿quién es el autor? (¿hombre o mujer?, ¿español o argentino?, ¿joven o anciano?, ¿culto?); ¿qué ideología manifiesta el texto?; ¿qué argumentos aporta?; ¿qué información nueva nos aporta? Este tipo de preguntas se corresponden mejor con la práctica lectora cotidiana y facilitan la consecución del objetivo pedagógico.

2. *Motivación y tarea para leer*: en la vida real leemos voluntariamente con propósitos concretos. En el aula también deberíamos evitar que el aprendiz lea sólo por «obligación», para obedecer al docente. Así, es importante pensar en términos de *tarea de lectura*: cada escrito debe asociarse con una instrucción, con una actividad concreta y clara. La tarea debe formularse previamente a la lectura, precisamente para establecer

una «motivación y un contexto». Por ejemplo: «Ordena las siguientes frases según cuándo aparezcan en el texto» (y se ofrece al lector una selección desordenada de fragmentos); «Pon título a esta columna»; «Elige las tres ideas principales»; «Completa el escrito añadiendo las palabras necesarias en los vacíos»; «Completa el gráfico según la información del ensayo», etc.

Propósitos de este tipo suelen actuar como motivación para leer. Crean un vacío de interés, una incógnita que el aprendiz debe resolver leyendo el escrito. Al plantear la tarea en primer lugar, la lectura adquiere sentido. Leer y releer se convierten así —como en la vida real— en el medio para resolver cosas.

3. *Conocimiento previo*: nunca conocemos todas las palabras de un texto; siempre hay vocablos nuevos cuyo significado deducimos del contexto. No tenemos dificultades cuando encontramos una o dos palabras desconocidas, pero la lectura se complica cuando tropezamos con varios términos técnicos que ignoramos o cuando el texto trata de temas y mundos alejados del nuestro. En estas circunstancias comprender se convierte en una tarea compleja y hay más posibilidades de que abandonemos la lectura.

Por este motivo, debemos calcular el grado de dificultad lingüística que presenta un escrito para nuestros alumnos. En el caso de que sea excesivo, no es conveniente manipular, simplificar o «traducir» el original a un registro más cercano. Esto impediría al aprendiz tomar contacto con el uso real de la escritura. Lo que podemos hacer es preparar actividades previas de apoyo para facilitar la comprensión. Podemos presentar previamente el vocabulario imprescindible. Basta un vocabulario básico o algunos juegos: adivinar palabras, el ahorcado, sopas de letras, crucigramas, mapas semánticos.

También es conveniente explicar el contexto de la lectura: el tipo de género, su propósito, el tema, los interlocutores. En muchas ocasiones la dificultad básica con que tropiezan los lectores para comprender no es el vocabulario (que pueden consultar en un diccionario), sino un grado de abstracción muy elevado del texto. También podemos avanzar a los lectores alguna de las ideas del texto o sus primeros párrafos, a modo de introducción.

Este tipo de actividades facilita que los lectores activen su conocimiento previo: que seleccionen de su memoria los conocimientos que poseen y que son aplicables a la tarea, y que los tengan preparados para cuando sean necesarios, al iniciar propiamente la exploración del escrito.

Comentar: durante la lectura

Raramente leemos de modo ortodoxo: de izquierda a derecha, de arriba abajo y siempre hacia adelante, sin interrupciones ni vacilaciones. Al contrario, ojeamos la página saltando de un punto a otro del texto, adelante y atrás, fijándonos en los caracteres que destacan (titulares, destacados, nombres propios), atendiendo a las pistas gráficas (dibujos, mayúsculas, nombres propios) que puedan conducirnos a lo que buscamos.

Nos movemos con ojos inquietos por todo el texto, hojeando las diferentes páginas de un documento. Nos saltamos los fragmentos conocidos o aburridos, releemos varias veces los interesantes o difíciles. Usamos los índices y los títulos internos para elegir los fragmentos que nos interesan. En definitiva, interactuamos de modo vivo con el texto, según nuestros propósitos. Leer es releer.

Podemos fomentar esta conducta interactiva con varios ejercicios como los siguientes, los cuales fomentan que el lector busque datos concretos en el escrito:

1. *Preguntas*: pueden ser variadas: de aspectos locales, que puedan ser respondidas leyendo un fragmento breve, o de cuestiones globales, que requieran un análisis más global del discurso. Pueden referirse a la forma o al contenido, a lo literal o a lo implícito. Pueden ser de respuesta única o no. Si lo son, pueden adoptar diferentes formulaciones: test de elección múltiple, aparejar opciones, cuestionario cerrado. También se pueden intercalar las preguntas en el texto, en lugares estratégicos, e interrogar sobre lo que el lector cree que sucederá a continuación.

En cualquier caso, es conveniente evitar las preguntas literales, que puedan ser respondidas identificando las palabras exactas, sin necesidad de comprenderlas. Es fácil evitarlo si usamos sinónimos, paráfrasis o expresiones equivalentes en la pregunta. También es conveniente que los enunciados sean claros, directos y breves, para evitar ambigüedades o errores.

2. *Afirmaciones*: el trabajo con enunciados o afirmaciones también tiene varias opciones. Podemos pedir al aprendiz que evalúe si las afirmaciones son ciertas o falsas, que las ordene según varios criterios (su situación en el escrito, su importancia, su cronología). Podemos pedir al aprendiz que corrija las afirmaciones erróneas o incluso que preparare un ejercicio parecido, con nuevas afirmaciones ciertas y falsas, para sus compañeros.

3. *Transferencias*: otro grupo de tareas consiste en transferir datos del escrito a otra forma de representación (no verbal o semiverbal): un cronograma, una tabla numérica, un gráfico (de barras, de pastel o de curvas), un esquema (una pirámide de edad, un mapa cartográfico), una formulación abstracta (fórmula química, ecuación matemática), un mapa conceptual o incluso un dibujo o una fotografía. Las tareas son diversas: relacionar un texto con su formulación, identificar un punto en un mapa o en un gráfico. Algunas de estas formas (tablas, esquemas) se pueden presentar se-

mivacías para que el lector las complete. En el caso de utilizar dibujos o fotografías, éstos se suelen presentar conjuntamente con el texto de manera que el lector tenga que elegir aquellos que se corresponden con el escrito, como sucede en una pregunta de elección múltiple.

4. *Ayudas gráficas*: algunas técnicas gráficas que ayudan a leer consisten en marcar el escrito con señales: <u>el subrayado</u> para las ideas relevantes, las admiraciones (¡!) para las sorpresas, los interrogantes (¿?) para las dudas o los asteriscos (*) para las ideas fundamentales. Incluso se puede marcar el escrito con rotuladores de color: el verde para lo que gusta más o lo más importante, el rojo para las discrepancias y el amarillo para lo dudoso —como en un semáforo—. El uso apropiado de estos recursos ayuda al lector a orientarse en el escrito y a identificar los datos que está buscando.

En todos los casos, es relevante informar al aprendiz de la tarea o consigna que debe cumplir antes de leer el texto. De hecho, vale la pena dedicar algo de tiempo a familiarizarse previamente con la información que aporta la pregunta y cerciorarse de que los lectores la comprenden.

Comentar: después de la lectura

No es fácil ni construir una interpretación del texto ni mucho menos elaborar una opinión personal sobre el mismo. Y más complejo resulta ser capaz de poder exponer estas opiniones en público, hablando o escribiendo. Se requiere tiempo y trabajo para recuperar la información que aporta un escrito, para elaborar un significado coherente, interpretarlo y posicionarse personalmente al respecto: saber en qué se está de acuerdo y en qué no, o distinguir lo que gusta de lo que no gusta. Por ese motivo es relevante organizar también la actividad posterior a la lectura con tareas como éstas:

1. *Diálogo*: aunque procesemos el texto en silencio e individualmente (fijando los ojos en la prosa, recuperando el contenido semántico, construyendo hipótesis en nuestra mente), la elaboración del significado y la interpretación puede realizarse en pareja o grupos pequeños. Como ya dije, el diálogo es una herramienta fundamental para desarrollar las ideas: permite verbalizar el pensamiento interior, explicitar las intuiciones o articular las sensaciones. Al hablar con un compañero, el aprendiz también «ensaya» una posible intervención posterior ante la clase, exponiendo su opinión. En clase, basta con poner a los alumnos por parejas para que tengan que intercambiar sus ideas. (Véase el apartado 3.2 sobre el comentario oral.)

2. *Escribir respuestas*: la escritura es otro instrumento que fomenta la reflexión. Al tener que formular por escrito las impresiones que le suscita un texto, el lector se ve obligado a concretarlas y a definirlas para que puedan ser comprendidas por otras personas. La anotación de estas impresiones y su formato pueden variar enormemente: resúmenes y esquemas, preguntas específicas, un diario de lectura provisional, en el que el lector vierte a chorro las sensaciones que le suscita un escrito, o un comentario más tradicional.

En cualquier caso —como cita la presentación a modo de anécdota—, parece interesante centrar estas actividades posteriores en los aspectos más personales: en las percepciones individuales del lector. Y conviene recordar que no es obligatorio cerrar siempre todos los comentarios con una actividad formal de producción de textos. Como vimos en el apartado 2.2, en la vida real muchos comentarios se centran sólo en el intercambio oral y dinámico, sin pretender «formalizar» la interpretación. En los manuales de comprensión lectora se pueden encontrar muchas y variadas propuestas para desarrollar las habilidades lectoras (entre otros, Grellet, 1981, y Grabe y Stoller, 2002).

Niños dialogando

Para terminar este apartado, quiero reproducir y comentar un bonito ejemplo de diálogo creativo con niños, lo cual también muestra que los principios que se exponen aquí se pueden aplicar más allá de la universidad o del bachillerato.

Nos encontramos en una clase de primaria, con niños y niñas de 8 años, en Palma de Mallorca, en la asignatura de lengua catalana. Los niños comentan una lectura infantil: el cuento titulado *Kío y Gus*. En el fragmento que se está leyendo, Kío presenta a su familia y dice: «Suki tiene 16 años. Yo, 7. Mi papá se llama Lee y mi mamá, Esperanza. Pero es que yo no tengo mamá».

Ésta es la transcripción de parte del diálogo de clase, animado por la maestra (Ripoll, 2000):

1. TOMÀS: Quiere decir que está muerta.
2. MAESTRA: Si no tiene mamá, ¿puede decir que se llama Esperanza?
3. SAMUEL: Aunque esté muerta, existe. [...]
4. PACO: Existe lo que tiene adentro, que está muerta pero existe.
5. PAQUI: La madre de Kío está muerta, pero su nombre existe, la que no existe es ella.
6. LIDIA: Sí que existe. Existe en su corazón, en el corazón de Kío.
7. SAMUEL: Estoy de acuerdo, porque cuando muere

su madre es cierto que no la olvidamos, regresa en el recuerdo y su madre existe. Existe muerta.
8. MAESTRA: Cuando morimos, ¿existimos?
[...]
9. CRISTINA: A lo mejor no está muerta, quizá no sepa nada de ella.
10. PACO: El libro lo pone.
11. LIDIA: «Pero es que yo no tengo madre» (*lee en voz alta*), no dice que esté muerta. Puede estar viva, pero que no sepa nada de ella.

Fijémonos cómo unas pocas frases enigmáticas consiguen despertar un diálogo sugerente y vivo con unas veintisiete intervenciones en el original y la participación espontánea de muchos niños. Entre otros aspectos, los lectores intercambian sus puntos de vista (5: «su nombre existe, la que no existe es ella»; 6: «[ella] existe en su corazón»; 9: «[...] quizá no sepa nada de ella»), escuchan las intervenciones de sus compañeros y expresan adhesiones (7: «Estoy de acuerdo [...]»), razonan (7: «[...] porque cuando muere su madre es cierto que no la olvidamos [...]»; 10: «El libro lo pone»). Algunos releen los fragmentos conflictivos del texto para confirmar su opinión, como sucede en 11. Son intervenciones breves, claras y pertinentes que construyen una conversación colectiva sugerente y generadora de aprendizaje. Cabe preguntarnos si estos niños hubieran elaborado interpretaciones tan razonadas y maduras al leer solos y en silencio el mismo fragmento. Creo que no.

2.4. Análisis de un caso

La columna

A continuación, ejemplifico algunas de las aportaciones anteriores con la columna de opinión de Josep

Pernau que se publicó el 5 de octubre de 1999 en *El periódico de Catalunya*. Se trata de una colaboración fija titulada *Opus Mei*, ubicada en la sección «Opinión», en la que este periodista comenta la actualidad. *El periódico de Catalunya* se publica cada día en una doble edición en castellano y catalán, de manera que el lector puede elegir el idioma, lo cual es relevante para el caso, como veremos.

El hecho de que se trate de una noticia local y vieja nos permitirá tomar conciencia de la volatilidad del conocimiento previo que manejamos al leer y de la situacionalidad que tiene forzosamente la comprensión. Todos los textos remiten a conocimiento previo, cultural, que debe recuperarse para comprender. (Véase el recuadro de la página siguiente; la negrita y la cursiva proceden del original.)

La columna usa el castellano coloquial hablado en Cataluña, que incorpora palabras catalanas, desconocidas para los españoles de otras comunidades y para el resto de hispanos. Algunas palabras se refieren a hechos culturales y carecen de equivalencia en castellano:

- *Botifarra*: juego de naipes popular, muy habitual en cafés y bares.
- *Barrecha*: bebida típica catalana (*barreja*, en catalán «mezcla») que mezcla *cazalla* (bebida andaluza) con *moscatell* (vino dulce catalán).
- *Colla de castellers*: asociación o grupo recreativo (*colla*) dedicado a la construcción de torres humanas (*castells*, «castillos»), con tradición importante e histórica en Cataluña.

Otros vocablos son interferencias catalanas, muy corrientes en el castellano coloquial de inmigrantes y catalanohablantes:

- *Racholas* (*rajoles*, en catalán «azulejos»), *tochanas* (*totxanes*, en catalán: «ladrillos»), *bastidas*

Nueva carta al primo Manolo

Querido Manolo:
　　Aunque hace pocos días que habrás recibido mi carta anterior, el tema que me mueve a hacerlo otra vez es urgente. Debes hacer algo.
　　Resulta que el otro día, en la barra del bar de Mariano, tu cuñado, el Remigio, dijo que no iba a votar, que él sólo vota al **Montilla** para alcalde y a quien sea para que un socialista pueda volver a ser presidente del Gobierno en Madrid. Que estas elecciones son sólo para los catalanes, que él es de la inmigración y que le da igual que gane el **Pujol** que el **Maragall**. Es lo que yo le dije: ¿no eres seguidor del Barça, cuando no juega con el Betis, no te gusta jugar a la botifarra o tomarte una barrecha, y es que no hablabas de racholas, tochanas y bastidas, cuando estabas en la construcción? ¿Y los hijos? A la chica le pusieron Nuri, porque a la Trini le gustaba el nombre, y el Pepe forma parte ahora de una colla de castellers. Si el Pujol conociera a tu cuñado, lo pasearía por ahí como modelo de integración.
　　Querido primo, has de hacer algo. Tú le puedes convencer. Fíjate que a tu hermana, la Trini, la tienen que operar, pero no saben cuándo ni dónde, si será en Bellvitge o en la Vall d'Hebron y si será en invierno o en primavera. Es lo que yo le pregunté: «**¿Es que esperas que te lo arregle Chaves, que bastantes problemas debe tener en Andalucía?**». Y lo mismo pasa con la escuela de los nietos o con la mejora del transporte por el Baix. Tú ya me entiendes, Manolo. Si en Cornellà y en todo el cinturón la gente pensara como el Remigio, ya podríamos plegar. Si el día 17 la gente se queda en casa, tendremos que vivir resignados a que siempre manden los mismos.
　　Mira cómo se espabila el **Pujol**. Ahora viene por la comarca y hace campaña en castellano. Le entenderían igual en catalán, porque todos ven *Laberint d'ombres* en TV3. Pero así halaga a los que pueden tener algún remilgo lingüístico. Hazle ver a tu cuñado lo listos que son. Suerte en tu gestión.
　　Paco.

(*bastides*, en catalán «andamiajes»): léxico de la construcción, en la que ha habido tradicionalmente muchos inmigrantes de otras zonas del

81

Estado español. (Hoy estos puestos de trabajo los ocupan inmigrantes extracomunitarios.)
- *Plegar* (cerrar, acabar, guardar): de difícil traducción, terminar la jornada de trabajo, en un sentido diferente al que tiene en el español de la península *plegar* (DRAE: «hacer pliegues», «doblar»).

Géneros, tipos de texto y polifonía

La teoría literaria ha utilizado el concepto de «tradición» para formular la idea de que cualquier escrito se relaciona estrechamente con los textos que le preceden: «Lo que no es tradición es plagio». La crítica moderna habla de *intertextualidad* y de *polifonía* para referirse al mismo hecho: cualquier texto se apoya en las *rutinas*, los *géneros*, los *tipos textuales* e incluso en las *voces* que le preceden, hasta el punto de que «no hablamos a través de la lengua, sino que es la lengua la que habla a través de nosotros».

Cada texto nuevo repite, reformula o aprovecha todos los que le preceden, los usos parecidos que otras personas realizaron sobre temas semejantes y en condiciones y circunstancias paralelas. Tanto autores como lectores disponen de ciertos conocimientos sobre estos usos (géneros, voces usadas, fraseología) que aprovechan en cada nuevo texto. Veámoslo:

- *¿Qué sabe el lector sobre el periódico, sobre su estructura, tema, estilo, antes de empezar a leer? ¿Qué sabe sobre la sección «Opinión» y sobre los textos y los autores que aparecen en ella?*

Fijémonos sólo en la última pregunta. El lector sabe que encontrará artículos firmados por profesionales especialistas, en los que se vierten juicios de valor, a diferencia de las secciones informativas, que aspiran a ser objetivas. También sabe que suelen tratarse temas de actualidad o que el contenido, la estructura y el estilo de estos artículos son más libres que en las noticias.

En nuestro caso, quizás el lector no pueda adivinar antes de ver la columna que se trata de una carta privada (algo improbable). Pero este hecho se muestra como obvio incluso antes de empezar a leer, al echar una mirada al formato. Así el lector activa un nuevo tipo de conocimiento previo sobre el género carta, que se suma al del primer género original de artículo de opinión. El lector experimentado en leer cartas sabe que el texto tiene un saludo, una introducción, un cuerpo o núcleo y una despedida; que se suele escribir con un registro coloquial o que el autor y su destinatario, probablemente conocidos, se cuentan hechos que él o ella desconoce.

Un análisis detallado muestra que estas suposiciones son ciertas. El texto tiene saludo («Querido Manolo») y despedida implícita («Suerte en tu gestión»). Mantiene un nivel de formalidad bajo: tratamiento de tú, uso del artículo con nombres propios («el Remigio», «la Trini», otra interferencia del catalán), imperativos («debes hacer», «mira», «hazle»), frases cortas, variaciones en la modalidad. Todo ello sugiere cercanía o incluso intimidad entre los interlocutores.

Además, se presentan como conocidos datos que para el lector son inaccesibles: ¿cuál fue «mi carta anterior»?, ¿dónde está «el bar de Mariano»?, ¿quién es «el cuñado Remigio»?, ¿de qué localidad es alcalde «el Montilla»? Estos datos contribuyen a aportar verosimilitud: el lector ignora estos datos porque se trata de información privada que comparten Paco y Manolo en una carta que es también —supuestamente— privada.

Además, estos datos ignorados no tienen incidencia en la comprensión del fondo real de la columna. En este sentido, el autor es hábil al construir un entramado de personajes y situaciones coherente con la finalidad argumentativa de la columna. Quizás el único punto flojo de la ficción sea el hecho de que los primos Paco y Mariano, jubilados y convecinos de la comarca del Baix Llobregat, se escriban cartas en vez de llamarse por teléfono o charlar tranquilamente por la tarde en cualquier bar, que sería lo más corriente.

- *¿La carta reproduce las palabras, las ideas o las voces de otras personas? ¿Cuáles?*

Entre otros:

— Hay una cita literal de las palabras que Paco dirigió a Remigio (líneas 24-26).
— Hay dos largas citas en estilo indirecto de la conversación entre Paco y Remigio en el bar, que es uno de los temas centrales de la carta. Se reproduce lo dicho por Remigio (líneas 6-12) y las respuestas de Paco (12-19); la forma «le pusieron» (y no «le pusisteis») marca el fin de la cita, puesto que el enunciador se dirige a partir de este punto a Manolo (destinatario de la carta) y no a Remigio (interlocutor en la conversación citada).
— Algunas ideas y expresiones incluidas en la carta y puestas en boca de estos personajes reproducen voces anónimas de la comunidad, que los locutores escucharon, asumen y reproducen. Tal es el caso de «estas elecciones son sólo para los catalanes» (y no para los inmigrantes españoles o extranjeros afincados en Cataluña, que no se consideran «catalanes» como los autóctonos) o «que siempre manden los mismos», que expresan representaciones sociales u opiniones presentes en la comunidad.

En resumen, este breve análisis muestra que el texto se inserta en una determinada tradición de géneros periodísticos y epistolares, y que incluye citas y voces variadas. De hecho, siguiendo la teoría de Ducrot (1984) sobre el desdoblamiento polifónico:

a) Josep Pernau, el *locutor* real que firma la *columna periodística*, construye
b) un segundo *locutor* ficticio, el personaje de Paco, autor de la *carta privada* (en la que éste se presenta ante otro personaje, Manolo, con una cara y un punto de vista determinados: como primo, conocedor de la familia, interesado en política, etc.), en la que
c) se citan las opiniones y los argumentos de un tercer personaje, Remigio, que a su vez
d) reproducen o actualizan voces anónimas de la comunidad catalana.

En definitiva, los ecos de una parte de la comunidad emergen a la superficie del texto a través de la intertextualidad, y la autoría o la «responsabilidad intelectual» del periodista se diluye en un juego de reflejos ante el espejo.

Lo dicho y lo comunicado

Otra aportación relevante de los estudios de pragmática consiste en la idea de que la información que se transfieren los interlocutores es muy superior a lo que explicita el texto. El emisor presupone que su audiencia dispone de conocimiento previo y que basta ofrecer indicios del mismo para que el destinatario lo recupere de su memoria, lo utilice para comprender el texto y pueda, al final, interpretar la intención que se quiere transmitir.

En el ejemplo, es interesante analizar cómo el autor maneja este poso de datos, supuestamente compartidos, y cómo calcula el nivel de conocimientos de su lector. De hecho, es precisamente este cálculo de datos uno de los aspectos que utiliza el autor para elegir a su posible lector. Además, se produce un deslizamiento de los parámetros contextuales de recepción que favorece este análisis: Pernau sabía que los lectores catalanes leerían su columna en el periódico un martes 5 de octubre de 1999, en algún lugar de Cataluña, en plena campaña electoral. Puesto que ahora estamos leyendo el escrito en otro contexto (muchos años después, en diferentes lugares del planeta, incluido dentro de un libro) y lo estamos leyendo personas dispares (de varias nacionalidades y culturas), es revelador descubrir la información implícita, que ahora pasa a ser sencillamente desconocida.

- *¿Qué es lo que el autor presupone que su lector ya sabe? ¿Qué es lo imprescindible conocer para poder comprender el texto?*

Entre otros datos, siguiendo el orden del texto:

— «Montilla» (José Montilla) era el alcalde de Cornellà en aquel momento y «un socialista» se refiere a un candidato del PSOE (Partido Socialista Obrero Español) para ocupar el «Gobierno de Madrid» (gobierno español).
— «Estas elecciones» se refiere a los comicios en la comunidad autónoma de Cataluña, cuya campaña electoral se estaba desarrollando en aquel momento (como indica el demostrativo «estas»).
— «Pujol» y «Maragall» concurrían a los comicios con posibilidades de ganarlos, en representación de Convergència i Unió (o CiU, partido nacionalista conservador) y Partit dels Socialistes de Catalunya (o PSC, socio del PSOE).
— «Barça» y «Betis» son equipos de fútbol de Barcelona y Sevilla, respectivamente.

- «Nuri» (de Núria) es un nombre catalán de mujer; hay un santuario catalán de la *Verge* (virgen) *de Núria*.
- Mientras era presidente, el candidato «Pujol» buscaba modelos de integración en la comunidad catalana entre los inmigrantes españoles o extranjeros.
- «Bellvitge» es una ciudad cercana a Barcelona y «Vall d'Hebron» es un barrio barcelonés donde se ubican dos de los hospitales más importantes del área.
- «Baix» se refiere a Baix Llobregat, que es la comarca a la que pertenece «Cornellà», donde se sitúa la acción, que forma parte del «cinturón» o de las poblaciones industriales que circundan Barcelona.
- Los comicios se celebran «el día 17» (17 de octubre 1999), doce días después de la publicación de la columna.
- *Laberint d'Ombres* («Laberinto de sombras») es una telenovela popular catalana, emitida por «TV3», que es la televisión pública catalana.

Sin conocer estos datos es imposible comprender el significado de la columna. El desconocimiento de algún punto supone una laguna local que puede tener más o menos incidencia en el conjunto. Otros datos que también deben conocerse para dar más sentido al texto no aparecen en la superficie del escrito:

- En Cataluña, y sobre todo en Cornellà y en el «cinturón», vive un porcentaje importante de la inmigración andaluza, llegada a partir de la posguerra (1939) e integrada en variados grados. Buena parte de ella se suele abstener en las elecciones autonómicas, aunque en las municipales y en las del gobierno español vote mayoritariamente al PSOE.

— El candidato Pujol había ocupado el gobierno de Cataluña en los mandatos anteriores, durante más de veinte años, y concurría nuevamente a las elecciones. Se preveía un resultado ajustado entre él y Maragall.
— En Cataluña se habla catalán (lengua cooficial con el castellano, propia e histórica del país) y castellano (oficial de todo el territorio español y propia de buena parte de la inmigración en Cataluña).

Más allá de la comprensión básica, es interesante constatar que si el lector dispone de más información enciclopédica, puede alcanzar niveles superiores de significación. Veámoslo:

— A parte del «Betis», la ciudad de Sevilla dispone de otro equipo de fútbol de primera división, el Sevilla Club de Fútbol. Estos dos clubes mantienen gran rivalidad y representan diferentes grupos sociales, según la tradición: mientras que el Sevilla es el equipo de los «señoritos», el Betis tiene seguidores más populares. Ser seguidor del Betis adquiere así nuevo significado.
— También en Barcelona hay otros clubes de fútbol («Espanyol», «Europa»). Ser seguidor del Barça tiene connotaciones «nacionalistas».
— *Laberint d'Ombres* («Laberinto de sombras») fue una telenovela popular, de emisión periódica durante varias temporadas, con tramas complejas (relaciones familiares y extramatrimoniales, asesinatos, incestos, peleas por herencias). La producía y emitía, en horario de máxima audiencia, la cadena autonómica más popular y la seguían algunos grupos sociales determinados (amas de casa, jubilados, personas de nivel cultural medio-bajo). De creerlo oportuno, el autor hubiera podido referirse

a otros programas (documentales, películas, *shows*, etc.).

Quizás estos datos no sean imprescindibles para captar la intención del texto, pero es evidente que aportan matices significativos. Por otra parte, el autor se encarga de aclarar todo lo que considera imprescindible y, a su parecer, el lector catalán puede ignorar:

— Línea 9: «presidente del Gobierno» se refiere al gobierno del Estado español y no al de la autonomía o alcaldía. Aunque la oposición presidente del Gobierno/presidente autonómico o *president* (en catalán)/alcalde es viva y usada en la comunidad, el autor prefiere aclararlo para evitar confusiones, con la especificación en «Madrid».

— Línea 25: entonces «Chaves» (Manuel Chaves, político socialista) presidía la Junta de Andalucía, gobierno de la comunidad autónoma de Andalucía. Si el autor creyera que su lector conoce a este político, hubiera prescindido de «en Andalucía» —línea 26—; del mismo modo que no especifica, por ejemplo, Pujol, «de CiU» (líneas 11, 18 y 32), o Maragall, «del PSC» (línea 12), por ser muy populares. (Todavía más: puesto que el texto se dirige sólo a lectores catalanes, no hay confusión posible con el presidente de Venezuela Hugo Chávez, que puede ser un referente más cercano para los lectores americanos y que puede provocar dudas, incluso con la variación ortográfica Chaves/Chávez.)

— Línea 34: *Laberint d'ombres* es una serie de televisión. Se podría haber prescindido de «en TV3», que es otra referencia enciclopédica catalana, pero mucho más divulgada que la primera.

En conjunto, este análisis permite apreciar la importancia de seleccionar los datos que debe incluir un texto. El autor debe calcular con precisión todo lo necesario para comprender un determinado tema: qué datos conoce su lector (y, en consecuencia, son prescindibles en el discurso) y qué otros datos no conoce (y debe aclarar).

Un error aquí resulta fatal. Si el lector desconoce algo que el autor presupuso que conocía y que, en consecuencia, el texto no aclara, se produce una laguna en la comprensión. Pero si el lector conoce lo que su autor calculó que desconocía y que expone en el escrito, éste pierde interés para el lector, puesto que el texto dice lo que ya sabe. Además, si el error de cálculo es grave y lo que el autor aclara que el lector ya sabe resulta obvio, éste puede sentirse «insultado» al comprobar que su autor le trata de «ignorante».

- *¿Qué sabes de los personajes de la carta? ¿Cómo te los imaginas? Haz una lista de características.*

Analizaré sólo a Remigio. Podemos deducir que nació en alguna localidad andaluza, puesto que la columna presupone que conoce perfectamente al presidente de esta comunidad autónoma («que te lo arregle Chaves»), y que emigró a Cataluña, posiblemente junto con su mujer, Trini, y el hermano de ésta, Manolo. Tiene una hija, Nuri, y un hijo casteller. El nombre catalán de la chica y la dedicación ociosa del chico son índices claros de plena integración.

Es de ideología socialista. Le gusta el fútbol y es seguidor del Betis y del Barça. Pasa buenos ratos en el bar, donde juega a cartas y bebe *barrecha*. Posiblemente está jubilado, puesto que tiene tiempo libre. Su cuñado Manolo —presumiblemente de la misma edad— tiene nietos que van a la escuela. Trabajó en Cataluña en la construcción, donde aprendió las palabras catalanas *rachola, tochana, bastida*, propias de este campo semántico. Quizá viva en Cornellà o en el Baix Llobregat, donde se ubica la acción.

El lector puede reconstruir fácilmente este perfil si lee con atención y elabora inferencias a partir de los datos aportados por la columna. En resumen, podemos ver que cualquier comunicación pone en circulación una cantidad y una variedad de datos superior a la de los que se expresan literalmente.

La intención y la ideología

Para terminar, adoptaré una mirada crítica. Como sugiere el Análisis Crítico del Discurso y como hemos desarrollado en otro trabajo (Cassany, 2006), cualquier discurso refleja únicamente la representación o la creencia de la realidad del autor —y no una realidad objetiva o neutra—. Al reproducirse y propagarse por los medios de comunicación, el discurso se convierte en una herramienta de creación de representaciones sociales (opiniones, actitudes y creencias).

• *¿Cuál es la intención del autor? ¿Qué pretende el autor que haga el lector? ¿Existen opiniones alternativas o contrarias a las del autor?*

En apariencia, la intención del autor es defender la participación en los comicios autonómicos y animar a ir a votar a los más desmovilizados —y ésa es la lectura que hicieron al principio muchos de mis estudiantes al leer el texto en clase—. Conviene destacar que, en plena campaña electoral, a doce días de la fecha señalada, los mensajes institucionales que animaban a la ciudadanía a votar alternaban con las escaramuzas dialécticas entre políticos, de modo que el contexto parecía rubricar este punto de vista.

Pero un análisis detallado descubre intenciones más sutiles. En primer lugar, el texto ofrece dos visiones antagónicas sobre la campaña:

1. Que la población inmigrante de Cataluña suele abstenerse en los comicios autonómicos —aunque sí participe en las convocatorias municipales o estatales— porque no los siente como suyos. Formulan esta creencia las expresiones: «Que estas elecciones son sólo para los catalanes [...]» (línea 10) o «que le da igual que gane» (línea 11). Con esta tesis arranca el texto y contra ella se argumenta.
2. Que la población inmigrante es también catalana y debe ir a votar porque vive y trabaja en Cataluña. Debe votar porque se ha afincado aquí y porque sus hijos están plenamente integrados. Ésta es la concepción opuesta que defiende el autor.

Por supuesto, existen otras opiniones o concepciones que no menciona la columna: que el lector debe buscar el voto útil (el de los partidos que sí obtienen representación parlamentaria); al contrario, que no es bueno bipolarizar la campaña sólo entre dos opciones (que es mejor la diversidad); que deben votarse partidos de casa (Cataluña); que las elecciones autonómicas tienen poca o nula importancia (puesto que los asuntos importantes se tratan en Madrid), o que las elecciones no resuelven los problemas de la gente (y es mejor abstenerse).

Cada opción representa una ideología que tiene sus propios intereses. En este caso, la argumentación para ir a votar se corresponde con el discurso de los partidos de izquierda para movilizar a su electorado inmigrante, afincado en el cinturón de Barcelona. Está claro que el simple hecho de reproducir (divulgar, amplificar) unas opiniones y silenciar otras ya alimenta una determinada concepción de la realidad.

Pero en los párrafos tercero y cuarto, el autor —¿Paco, Josep Pernau u otros?— formula una crítica velada que sugiere otras intenciones sutiles. Afirma («Tú ya me entiendes», líneas 27-28) que no funciona bien la sanidad («la Trini, la tienen que operar, pero no saben cuándo ni dónde», líneas 21-22), ni la educación («lo mismo pasa con la escuela de los nietos», líneas 26-27), ni tampoco el transporte («o con la mejora del transporte», línea 27). Más adelante formula explícitamente su voluntad de cambio político, o sea, de que el candidato Pujol no gane de nuevo los comicios: «ya podríamos plegar» (líneas 29-30) y «tendremos que vivir resignados a que siempre manden los mismos» (líneas 30-31).

En el cuarto párrafo (líneas 32-37) remacha esta opinión al criticar que el candidato Pujol utilice interesadamente el castellano en su campaña electoral en el Baix Llobregat, dando a entender que todo el mundo le entendería en catalán y que usar este idioma sería más coherente con su política de integración; o sea, si se dirige a su electorado en castellano es sólo para ganar votos. En este sentido son relevantes los términos «se espabila» (línea 32) y «halaga» (35), que atribuyen connotaciones de «pillo» o «interesado», o «remilgo» (35-36) en «remilgo lingüístico», que remite a «manía» o «exageración» (y que descalifica sutilmente a las personas que los manifiestan).

En resumen, la columna defendía que era conveniente que hubiera un relevo en el gobierno.

El lector podría creer —como mis estudiantes— que la argumentación terminaba aquí. Pero si tenemos en cuenta el conjunto de datos, parece claro que el texto pide velada y preferentemente el voto para el partido socialista del candidato Maragall. Entre otros hechos:

93

— Se mencionan sólo a dos candidatos (Pujol y Maragall) y se silencia al resto, de modo que se favorece la bipolarización.
— Mientras que las referencias a Pujol son críticas negativas concretas y explícitas, las reiteradas menciones a los socialistas son neutras o positivas:

1. Remigio expresa sus preferencias incondicionales por los socialistas en las municipales («vota al Montilla», línea 8) y las estatales («para que un socialista pueda volver a ser presidente del Gobierno en Madrid», líneas 8-10), de modo que deducimos que los elegiría también en las autonómicas si no se abstuviera.
2. La mención al presidente socialista de la Junta de Andalucía («esperas que te lo arregle Chaves», líneas 24-25) es positiva: es «la persona que arregla problemas».
3. Los hechos se contextualizan en una zona donde vive mucha inmigración y donde tradicionalmente los socialistas cosechan muchos votos («en Cornellà y en todo el cinturón», línea 28).

Por otra parte, tampoco podemos olvidar la voluntad claramente proselitista de la carta: Paco intenta convencer a Remigio en el bar de Mariano para que vaya a votar. Al no estar seguro de haberlo conseguido, escribe a su primo Manolo para que convenza a Remigio de que vaya a votar: «Debes hacer algo» (línea 5), «Tú le puedes convencer» (20-21), «Suerte en tu gestión» (37).

En definitiva, ¿qué pretende Josep Pernau? En mi opinión, no sólo que sus lectores vayan a votar, o que voten el cambio político o al candidato socialista. También pretende divulgar unas ideas determinadas sobre la política catalana y que sus lectores las asuman e incluso las promuevan.

Epílogo

¡Qué simple que parecía la columna!, ¿verdad? Pero ¡qué análisis tan completo puede realizarse! Aunque no es necesario alcanzar siempre este nivel de detalle, sí vale la pena explorar con cierta minuciosidad las particularidades de cada género. Como hemos visto, el hecho de que sean auténticos y de que procedan de un momento y un lugar concretos permite tomar conciencia de las circunstancias que confluyen en el discurso.

El trabajo con los aprendices puede seguir las preguntas presentadas, desde lo explícito (formato, léxico, datos explícitos) hasta lo escondido (inferencias, intención, ideología). Se puede trabajar por parejas para responder cada pregunta antes de poner en común las interpretaciones.

Utilicé por primera vez este texto pocos días después de su publicación. Es importante trabajar con textos «vivos», del momento y de la comunidad, porque permiten descubrir mejor cómo funciona la comunicación escrita. Los aprendices se dan cuenta de la interrelación estrecha del discurso con el contexto, de la necesidad de aportar datos previos o de las implicaciones ideológicas del texto. Hoy en día Internet nos permite acceder a muchos discursos del mismo día o semana con sólo hacer un par de clics. Los aprendices se sorprenden —y se congratulan— de poder trabajar en el aula, en el mundo académico, con lo que se encuentra en la calle.

2.5. Leer el periódico

La prensa como material didáctico

La prensa —y el periódico en particular— es un material útil para desarrollar la comprensión lectora de niños, jóvenes o adultos (alfabetizados o no), ya sea en la lengua materna, en una segunda lengua ambiental o en un idioma extranjero. La prensa ofrece múltiples posibilidades didácticas, desde los ejercicios de recortar letras para buscar las posibles combinaciones de sílabas o parar formar palabras y títulos nuevos, hasta los de componer un periódico para el centro académico.

Además de la ingente bibliografía sobre el aprovechamiento educativo de la prensa (entre otros, Guillamet, 1988; Spirlet, 1990; también en Internet), cabe destacar la sensibilidad que han mostrado algunos medios al desarrollar ellos mismos, o en colaboración con sus gobiernos, programas de aprovechamiento de sus rotativos en la escuela. Entre las virtudes más reconocidas del uso del periódico destaca que:

- introduce la realidad de la comunidad en el aula del centro escolar;
- integra la escritura con otros códigos corrientes (fotografía, infografía, esquemas);
- incrementa el conocimiento cultural del aprendiz;
- utiliza escritos auténticos —que no fueron «preparados para la enseñanza»— y el idioma de la calle, el que usan los hablantes en el día a día;
- permite trabajar los discursos y la terminología de varios campos del saber humano, puesto que los periódicos incorporan secciones de sociedad, política, ciencia, meteorología, economía, y
- favorece el aprendizaje interdisciplinario, puesto que cada noticia o reportaje suele recoger datos, reflexiones o consecuencias que pertenecen a diferentes disciplinas.

Por otro lado, la prensa también tiene inconvenientes. Es parcial y sensacionalista; sirve a los intereses de partidos o grupos de poder. Es imprecisa y contiene numerosos errores lingüísticos, por la urgencia con que se produce. Pero se trata de un material diario, actual, abundante, barato y de fácil acceso. Haciendo las gestiones oportunas, es fácil conseguir decenas de ejemplares de periódicos del día o de la semana que no han perdido ni un ápice de actualidad para la práctica de la lectura y del lenguaje. A continuación, presento varias ideas para explotar el periódico a partir de las aportaciones actuales de las ciencias del lenguaje.

Propuestas

Cada propuesta especifica el género (y subgénero) periodístico con que se puede trabajar, el objetivo de la tarea, lo que debe hacer el aprendiz y los conceptos lingüísticos que trabaja. La mayoría de las propuestas exigen una lectura comprensiva previa literal o incluso una prelectura exploratoria o indagadora. Pero el énfasis de la actividad se suele centrar en la comprensión de las inferencias o de lo que se comunica aunque no se diga. También se da importancia a la construcción de interpretaciones críticas: tener opinión personal y discutir o criticar el contenido. Con la denominación «comprensión crítica» nos referimos a las habilidades que permiten, sin pretender ser exhaustivos:

- recuperar las connotaciones, los dobles sentidos, la orientación argumentativa que tiene el discurso (el imaginario o las representaciones mentales que subyacen a las ideas expuestas);
- construir una interpretación global y detallada y una valoración personal de la misma (¿qué pienso de este texto, de estas ideas, de este punto de vista de las cosas?);

- identificar la intención del autor (su propósito al producir el texto, lo que espera conseguir del lector) y elaborar una opinión personal (¿estoy de acuerdo o no como lector?, ¿comparto estas intenciones?, ¿haré lo que pide?);
- tomar conciencia del género textual del discurso, así como de la disciplina o ámbito en el que se ha elaborado (interlocutores, conocimiento compartido por ellos, prácticas comunicativas más habituales), y valorar hasta qué punto se respetan las convenciones establecidas (¿el estilo es adecuado al contexto?, ¿qué aspectos se apartan de él y por qué razón?).

Se trata sin duda de un nivel exigente de comprensión. Por ello las siguientes propuestas didácticas se dirigen a aprendices que ya disponen de conocimientos sobre el idioma y de habilidades básicas de lectura. Algunos de los principios básicos para desarrollar estas propuestas son:

1. El aprendiz lee (procesa el texto) en silencio e individualmente, por su cuenta. Después de haber leído el escrito, dialoga con uno o varios compañeros (que denominaré «colector»). El objetivo del diálogo es poner en común lo que comprendió cada uno. Este tipo de lectura compartida o *colectura* entre parejas o tríos ofrece al alumnado la posibilidad rápida y eficaz de evaluar formativamente su comprensión. Es fundamental. Son más útiles las parejas o los tríos que los grupos de cuatro o más alumnos porque en éstos hay menos posibilidades de hablar. (Véase el apartado 3.2.)
2. La puesta en común entre alumnos tiene que hacer emerger en clase las diferentes interpretaciones que se dan al texto, los distintos puntos de vista con que se ha comprendido. No se

pretende que los alumnos «adopten» la interpretación del profesor, ni que éste «cierre» o «concluya» la actividad explicando de modo magistral lo que «supuestamente» dice.
3. La dinámica de clase debe ser ágil, con tareas breves de lectura individual silenciosa, comparación en pareja de las respuestas, puesta en común con el gran grupo, relectura con el compañero, nueva puesta en común, verificación de las opiniones del resto de parejas, etc. Es habitual releer los textos varias veces de forma fragmentaria y desordenada, buscando resolver cada tarea de lectura.
4. Las instrucciones de la tarea deben darse antes de empezar a leer. Leer el texto debe ser la manera de resolver la tarea.

Eficacia comunicativa

Género periodístico: cartas de los lectores.
Objetivo didáctico: valorar el éxito comunicativo de un texto, así como la interpretación del mismo que realizan varios lectores.
• *1ª tarea*: se leen las cartas (entre dos y cinco) y se formula el propósito que persigue cada una en menos de diez palabras. (Este límite de diez palabras es importante para fomentar la concreción.)
• *2ª tarea*: se releen las cartas y se ordenan de más a menos conseguidas, a partir de estas preguntas: «¿Por qué escribió la carta cada autor?, ¿Queda claro el propósito?». Se puntúa cada una del 0 al 10 según el grado de eficacia.
Comentario: el tema de fondo de esta tarea son los actos de habla (fuerza ilocutiva y perlocutiva; acto directo e indirecto) a partir de la conocida tesis pragmática de que «decir es hacer cosas» (J. Austin, J. Searle). La tarea permite analizar y comparar los distintos

propósitos con que los lectores escriben, así como el grado de eficacia que consigue cada uno. Se pueden introducir los conceptos de «acto de habla» (o «acto de escritura»), «fuerza ilocutiva» (lo que pretende el autor) y «fuerza perlocutiva» (lo que el autor pretende que haga el lector).

Lo dicho y lo aportado

Género periodístico: noticia de actualidad o columna de opinión breves.
Objetivos didácticos: analizar la información de un escrito: distinguir lo que se dice explícitamente de lo que no se dice y debe aportarse. Tomar conciencia de la diferencia entre el significado semántico que aportan las palabras y el conocimiento enciclopédico o cultural (de tipo pragmático) que aporta el lector.
• *1ª tarea*: se hace una lista en una primera columna de las expresiones que aportan datos no formulados explícitamente. Pueden ser palabras comunes, nombres propios o referencias a hechos.
• *2ª tarea*: se anota en la segunda columna la interpretación inferida a partir del significado de las palabras (según está formulado en el diccionario).
• *3ª tarea*: se anotan en la tercera columna los datos que el lector aporta para dar coherencia al texto y que pertenecen a su conocimiento cultural (y que sólo encontraríamos en una enciclopedia).
Veamos este ejemplo, con los titulares y el primer párrafo de esta noticia (*El País*, 9 de febrero de 2006) en la pág. 102:

> *El Zaragoza destroza al Madrid*
> Diego Milito, autor de cuatro tantos, y un maravilloso Cani ponen en evidencia al equipo blanco.
> ÓSCAR SANZ, Zaragoza

Un Zaragoza bestial, implacable, mágico, con hechuras de gran equipo, inhumano casi en el acierto, le dio un meneo de cuidado al Madrid en un partido inolvidable para uno y otro. El equipo de Víctor Muñoz, inspirado hasta el agotamiento, dejó a su rival con pie y medio fuera de la Copa y con el orgullo hecho trizas.

Comentario: un texto es como un iceberg. La información que se comunica es el conjunto de su hielo, pero los datos que se mencionan explícitamente son sólo una parte pequeña, el hielo visible que está por encima del nivel del mar. Los datos que aporta el lector (la información implícita) corresponden al hielo sumergido bajo el nivel del agua, que suele tener un volumen superior al visible. Estos datos aportados son imprescindibles para dar sentido a la noticia. Por ejemplo, el fragmento anterior presupone que el lector va a poder aportar los datos de las dos columnas. También presupone que se está familiarizado con el género periodístico de la noticia deportiva: que se sabe que Óscar Sanz es el periodista, que el hecho ocurrió en Zaragoza, que las letras más grandes son titulares, etc.

Este ejercicio permite trabajar con los conceptos de dato explícito e implícito y con la distinción entre información semántica (de tipo lingüístico, procedente del diccionario) y conocimiento pragmático (de tipo cultural, que sólo encontraríamos en una enciclopedia). También permite tomar conciencia de la verdadera naturaleza del proceso de leer: el significado reside en la mente —y no en el texto— y se construye con la aportación de información que hace el lector.

Análisis más detallados podrían distinguir entre los referentes citados (que se presuponen conocidos por el lector) y los citados y explicados con aclaraciones (que se presuponen desconocidos por el lector). Comparemos los dos ejemplos de la pág. 103:

Expresiones	Inferencias a partir del significado (diccionario, DRAE)	Datos culturales aportados (enciclopedia)
«El Zaragoza»	«El» indica que no puede ser la ciudad de Zaragoza.	(Club de fútbol) Real Zaragoza.
«destroza»	Despedazar, destruir, hacer trozos una cosa: «Ganar un partido de fútbol por muchos goles de diferencia».	
«al Madrid»	«El» indica que tampoco puede ser la ciudad.	Real Madrid Club de Fútbol.
«Diego Milito»; «Cani»		Jugadores del Zaragoza.
«al equipo blanco»		Real Madrid (suele usar camiseta blanca).
«bestial», «implacable», «mágico», «inhumano», «maravilloso»	Adjetivos aplicados al «juego que realizó el equipo del Real Zaragoza durante el partido.	
«Víctor Muñoz»		Entrenador del Real Zaragoza.
«dejó a su rival con pie y medio fuera»	Casi lo eliminó.	De la competición de fútbol en la que ambos participan.
«Copa»		Copa del Rey de Fútbol, competición española del deporte del balompié.

El presidente Bush se opone al tratado. La Casa Blanca considera [...].

El presidente argentino Kischner se opone a la firma. El inquilino de la Casa Rosada, la casa de gobierno, considera... [...].

En el primer caso, el autor presupone que el lector sabe que la Casa Blanca es la casa de gobierno de Estados Unidos donde reside el presidente Bush, puesto que no hace ninguna aclaración al respecto y este dato es imprescindible para dar sentido al fragmento. En el segundo caso, el autor presupone que su lector desconoce los datos equivalentes para el gobierno argentino, puesto que especifica «presidente argentino», «el inquilino» o «la casa de gobierno».

Conocimiento cultural

Género periodístico: noticia, reportaje o columna de opinión.
Objetivos didácticos: analizar la gestión del conocimiento cultural en un artículo periodístico. Comprobar si es cierto que el lector sabe todo lo que el autor presupuso que conocía. Medir el conocimiento cultural de cada uno con relación al estándar que establece el periódico.
• *1ª tarea*: se lee el texto y se subrayan todos los referentes enciclopédicos que incluya (nombres propios, implícitos), como los equivalentes a la tercera columna en la tarea anterior.
• *2ª tarea*: para cada referente subrayado, se anota el signo de sumar (+), si el lector lo conoce, o el de restar (−), si lo desconoce. Se anotan los signos en la margen del escrito, a la altura de cada subrayado.
• *3ª tarea*: se suma el número total de referentes subrayados, el total de signos de sumar y el total de

signos de restar. Cada aprendiz compara sus cifras con las de los compañeros y las del docente. También se pueden calcular los promedios.

Comentario: la tarea permite cuantificar el conocimiento cultural que requiere un texto periodístico —aunque sea de un modo simple y tosco—. Así, si un aprendiz tiene más signos de restar que el promedio de la clase, tiene supuestamente menos conocimientos culturales sobre el tema de la noticia. Si la mayoría de lectores coincide en tener los mismos signos de restar, quizá deberíamos concluir que el autor fracasó en su cálculo del conocimiento compartido.

En conjunto, el lector puede medir su nivel de cultura general con la que el periodista presupone que posee un ciudadano medio. El ejercicio también sirve para tomar conciencia de la gran cantidad de datos que requiere la lectura de periódicos. El tipo de periódico, más o menos culto, y el tema del artículo analizado, más o menos especializado, pueden presentar variables relevantes.

Estructura y contenido

Género periodístico: artículo de opinión, reportaje o crónica de extensión breve o media (que tenga entre cuatro y diez párrafos).
Objetivos didácticos: analizar la organización de la información; identificar el tema de cada párrafo, establecer las relaciones entre párrafos; descubrir la estructura jerárquica del escrito.
• *1ª tarea*: se lee primero el escrito completo y luego cada párrafo por separado para ponerle un título (véase el cuadro de la página siguiente, del 1 al 9). A continuación, se agrupan los títulos de párrafos en distintas categorías, según su afinidad, y se elige un título de nivel superior para cada grupo (A-D). Se re-

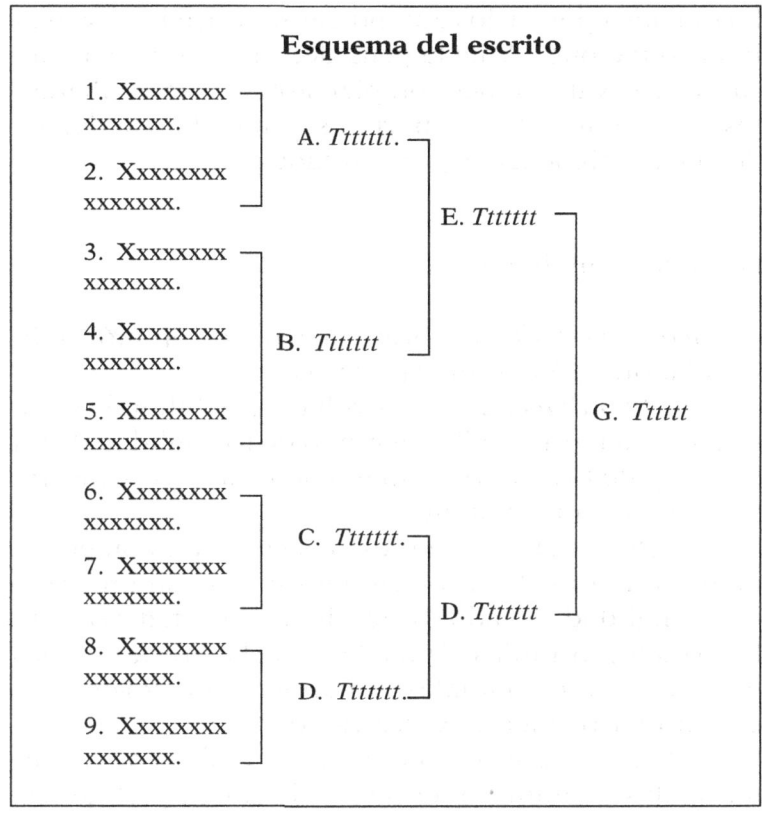

pite la tarea hasta alcanzar un título absoluto (G), que equivalga al título original.

• *2ª tarea*: se subrayan los marcadores textuales del texto (organizadores, conjunciones, adverbios) y se identifica la función que desarrollan en el mismo.

Comentario: el ejercicio se basa en los conceptos de superestructura y macroestructura textual y en las macrorreglas de elaboración del contenido (Van Dijk), además de poner énfasis en la función del párrafo, del apartado y del aparato titular (título absoluto, títulos de apartados y subtítulos). Los alumnos pueden tomar conciencia de la organización de los datos linealmente en la superficie textual y de sus interrelaciones internas. El contraste entre los esquemas y los títulos formulados por varios aprendices muestra las posibles interpretaciones. Vale la pena dedicar tiempo a analizar si esas variaciones son plausibles: si son coherentes con el contexto, si aportan significado o si dependen de ambigüedades premeditadas.

Nivel de formalidad

Género periodístico: breve artículo de opinión, editorial u otro género interpretativo.
Objetivo didáctico: desarrollar sensibilidad sociolingüística para percibir el grado de formalidad de un escrito y de los recursos lingüísticos (léxicos y morfosintácticos) que contiene.
- *1ª tarea*: al releer el texto, se marcan con el signo de sumar (+) las expresiones que tengan un grado de formalidad elevado (tratamiento de usted, vocabulario culto, fórmulas rígidas) y con el de restar (−) las que sean más coloquiales (tratamiento de *tú/vos*, léxico familiar o vulgar, expresividad).
- *2ª tarea*: se suma el número total de expresiones marcadas, el número de signos de sumar y el de restar. Se comparan los resultados por parejas o tríos. Se pueden discutir las divergencias en la anotación de + o −.

Comentario: el ejercicio se basa en la teoría del registro (a partir de las aportaciones de M. A. K. Halliday) que distingue la variación dialectal de la funcional (registro) y que identifica tres factores constitutivos de esta última: el canal (oral/escrito), el tema (específico o general) y el tenor (funcional o interpersonal), que incluye el nivel de formalidad/informalidad. Al distinguir las expresiones formales (por ejemplo, «exceso etílico», «óbito», «ausencia de clase») de sus correspondencias familiares («borrachera», «muerte», «faltar a clase») o vulgares («mierda», «pringarla», «hacer bolillos» —¡y tantas otras!—), el aprendiz toma conciencia del valor sociolingüístico que adquieren las palabras en la comunidad.

Cabe recordar que según la teoría de la competencia comunicativa (Dell Hymes), para poder actuar verbalmente de modo eficaz en una comunidad de habla no basta con construir enunciados gramaticalmente correctos, sino que deben adaptarse al contexto situacional (interlocutor, propósito, género discursivo) en que se insertan.

El mismo ejercicio puede realizarse sobre el grado de especificidad del escrito, eligiendo para el análisis crónicas o reportajes de temas más especializados (ciencia, economía, derecho), que acostumbran a mezclar términos técnicos de la disciplina con modalizaciones propias de la divulgación. De este modo pueden distinguirse los términos específicos pertenecientes a una disciplina («encefalopatía espongiforme bovina», «ciclosporina» o «sustancia inmunodepresora») de sus equivalencias más populares («enfermedad de las "vacas locas"», «pastillas para trasplantados»).

Marcas de oralidad

Género periodístico: entrevistas directas e indirectas, textos con citas literales de otros discursos (declaraciones de políticos, expertos, vips), y textos de origen oral auténtico (crónicas de conferencias o parlamentos) o fingido (diálogos simulados, monólogos teatrales).

Objetivos didácticos: analizar la interrelación entre el habla y la prosa o entre oralidad y literacidad (o escritura); identificar los rastros de habla en la prosa; hacer hipótesis sobre su génesis.

• *1ª tarea*: se subrayan los rastros de habla en el escrito, sean de tipo discursivo (estructura de turnos de habla, presencia de varias voces, variación en la modalidad oracional: preguntas, afirmaciones, exclamaciones) o gramatical (expresiones coloquiales o vulgares, estructuras sintácticas conversacionales: anacolutos, frases inacabadas, asimetrías). También se subrayan los rasgos propios de la prosa: sintaxis madura y completa, cohesión (pronombres, conectores), vocabulario culto y especializado, ausencia de repeticiones, etc.

- 2^a *tarea*: se buscan hipótesis sobre el proceso de elaboración del texto, a partir de las marcas de oralidad detectadas. ¿Es una entrevista real, espontánea? ¿Se preparó previamente? ¿Es fingida? (Por ejemplo, en una entrevista directa, el entrevistador prepara sus preguntas con prosa, pero las respuestas del entrevistado son espontáneas y orales; la grabación y posterior trascripción de este discurso ofrece un primer borrador del escrito que, con la eliminación de los rasgos más redundantes, se convierte en el texto impreso.)

Comentario: siguiendo con la teoría hallidayana del registro, el canal también se presenta como una variable que presenta un contínuum entre lo íntegramente hablado (espontáneo, no planificado, improvisado) y lo escrito (no espontáneo, planificado). Encontramos escritos para ser escuchados como si fueran dichos (el teatro de texto), como si fueran leídos (noticias de radio); discursos orales transcritos para ser leídos como si no fueran dichos (cartas dictadas), como si fueran reproducciones gráficas de conversaciones (cómics, entrevistas directas), e incluso discursos que mezclan la elaboración escrita de un entrevistador con las palabras literales dichas por el entrevistado (entrevista indirecta, citaciones).

Fuentes

Género periodístico: noticia, reportaje, crónica o columna de opinión.

Propósitos didácticos: determinar las fuentes de un texto. Identificar las citas que incluye un escrito (explícitas o encubiertas, documentadas o no) y los diferentes puntos de vista que adopta.

• *1ª tarea*: al leer el texto, se identifican las fuentes que incluye (una declaración de un testigo o de una víctima, una cita indirecta, una referencia a un autor, una expresión que remite a una cultura diferente) y se numeran a partir del 1. El 0 corresponde al autor del texto. (Por *fuente* me refiero aquí a cualquier referencia a otro texto, cualquier voz diferente a la del autor que se incluya en el escrito, cualquier dato o punto de vista que pertenezca a otra persona.)

• *2ª tarea*: se relee el texto para comparar qué espacio e importancia tienen cada una de las fuentes identificadas (y numeradas) en el conjunto del texto. Se pueden clasificar en tres categorías: se otorga la letra A a las fuentes más relevantes, la B a las secundarias y la C a los complementos.

Comentario: la tarea permite tomar conciencia de la naturaleza polifónica del lenguaje, según Bajtín, o de la intertextualidad de cualquier discurso —o del hecho de que ningún texto es el primero—. El análisis de las citaciones puede centrarse en los procedimientos lingüísticos empleados para incorporar otras voces en un texto: la cita literal, el discurso indirecto, los ecos. En el apartado 2.4 vimos un ejemplo al respecto.

Recursos retóricos

Género periodístico: texto de opinión (columna, editorial, artículo ensayístico).
Propósitos didácticos: reconocer la presencia de figuras retóricas «literarias» en la prensa; desarrollar criterios sobre lo que es un buen escrito.
• *1ª tarea*: se marcan tres aspectos positivos del texto (expresiones bellas, metáforas, humor, aspectos

que gusten) con el signo de sumar (+) y tres aspectos negativos (errores, confusiones, expresiones que disgusten) con el signo de restar (−).

- *2ª tarea*: se otorgan premios a diversos recursos, fragmentos o aspectos del texto, según una lista preestablecida: a) premio al pasaje (fragmento, expresión, palabra) más emocionante; b) premio al pasaje más ambiguo (que ha despertado varias interpretaciones); c) premio al fragmento más complicado (que se ha tenido que releer más veces); d) premio al fragmento más torpe, etc.

Comentario: los géneros de opinión suelen ser más flexibles que los informativos respecto al aprovechamiento de los recursos expresivos. Muchos novelistas, poetas y dramaturgos reputados escriben periódicamente en la prensa y lo hacen con una lengua «paraliteraria» que contiene muchos recursos retóricos propios de la literatura. Esta tarea reflexiona sobre este tipo de elementos expresivos.

El aprendiz acostumbra a marcar como positivo aquello que comprende y puede apreciar, y como negativo aquello que no comprende o no puede valorar. La falta de acuerdo entre los aprendices hace emerger el distinto efecto que causan estos recursos en el lector.

Variedades lingüísticas especiales

Género periodístico: anuncios de variado tipo (inmobiliarios, mercado laboral, relaciones personales, ventas y compras de objetos).
Propósitos didácticos: identificar las particularidades gramaticales y léxicas (el argot o la variedad social) de los discursos producidos por comunidades determinadas; incrementar la conciencia sobre la diversidad discursiva, más allá de los conocidos dialectos geográficos.

- *1ª tarea*: se reescriben con prosa normal (sin abreviaturas, símbolos, palabras sueltas, frases inacabadas, implícitos) tres o cuatro anuncios breves de un sector social específico (trabajo, inmobiliaria). Varias parejas de aprendices pueden trabajar con anuncios de sectores diferentes, para cubrir un espectro más amplio de temas.
- *2ª tarea*: se ponen en común las versiones reformuladas y se forman tríos de aprendices que hayan reformulado anuncios de diferentes ámbitos. A partir de las constantes halladas en los textos (abreviaturas, fraseología repetida, términos con significados específicos), elaboran un *Breve vocabulario* para comprender anuncios.

Comentario: los anuncios periodísticos utilizan recursos lingüísticos variados (abreviaturas, símbolos, enumeración de datos, términos específicos, implícitos) para transmitir mucha información en poco espacio, a causa del elevado coste que tiene cada palabra en el periódico. En algunos ámbitos (relaciones personales, matrimonios, contactos), la moral y el pudor sociales, el anonimato de los interlocutores o algunas normas periodísticas (lenguaje educado, ausencia de vocablos relativos al sexo) imponen otras restricciones. Por ejemplo, en el lenguaje inmobiliario español, un piso con «muchas posibilidades» significa que requiere muchas reformas, e «ideal parejas» que es muy pequeño.

El análisis de los recursos lingüísticos usados en estos textos específicos no sirve sólo para comprender los mensajes correspondientes, sino para reflexionar sobre las variedades sociales del lenguaje, vinculadas con grupos sociales particulares y con tareas profesionales específicas.

3
EL TALLER DE TEXTOS

> Me gusta el término taller por su connotación artesanal, porque se venga de los atracones del saber y de sus modelos, porque evoca el aprendizaje y la paciencia.
>
> CLAIRE BONIFACE, 1992, pág. 12

> [La escritura] ofrece potencial a los aprendices para comprender cómo funciona el lenguaje, el estilo con que lo utilizan varios individuos y grupos para sus fines, y las razones que se esconden detrás de este uso.
>
> PAM GREEN, 2001

> La concepción de escribir como una simple técnica de transcripción conlleva de facto la idea de que la escritura es perfecta y definitiva de buenas a primeras. Es precisamente contra esta idea que luchan los talleres.
>
> CHRISTINE BARRÉ-DE MINIAC
> y CHRISTIAN POSLANIEC, 1999, pág. 159

Abordaré aquí la problemática de la producción de textos en el aula, con una propuesta de taller de lectura y escritura de nivel avanzado, que tiene el objetivo de desarrollar las destrezas críticas más sutiles de la comprensión lectora y la producción escrita de los géneros profesionales.

El apartado 3.1 sintetiza los aspectos metodológicos fundamentales de la propuesta, con ejemplos de varios géneros profesionales de ámbitos diversos. El apartado 3.2 se centra en la parte más interesante de la propuesta: el intercambio oral. Expone las normas éticas que deben seguirse para garantizar la efectividad del diálogo y las tres fases de que consta. Presentada la propuesta, el apartado 3.3 sintetiza la concepción de la escritura y del aprendizaje que se esconde detrás de esta metodología. Finalmente, el apartado 3.4 evalúa el interés de la propuesta y las reacciones de varios aprendices, con el comentario de sus impresiones sobre las diferentes fases del taller.

3.1. Mi taller

Presentación

Durante más de diez años he trabajado esporádicamente como docente de expresión escrita con profesionales cualificados y en ejercicio: auditores de banco y cajas de ahorro, abogados, economistas, científicos, periodistas, administrativos, políticos y relaciones públicas. El día a día de estos profesionales incluía la producción de informes, memorias, cartas, instrucciones, proyectos, artículos o circulares, y padecían serias dificultades para poder realizarla con eficacia.

Era un alumnado muy especial, con estudios superiores (licenciatura, doctorado), escasa formación lingüística, interés por el fondo del texto (y no por la forma), exigencia de mejoras inmediatas y actitudes y valores convencionales respecto a la escritura. Trabajaban habitualmente con notables limitaciones de tiempo y bastante presión. También requerían acciones formativas particulares: en horarios laborales elegidos, sesiones intensivas, trabajando con sus textos y en sus condiciones y contextos particulares.

Así fue como desarrollé una metodología práctica, inspirada en los conocidos talleres de escritura y alimentada con la investigación sobre la composición escrita. Aunque el taller de escritura goza de una prolífica tradición que abarca prácticas, objetivos y contextos variados (Boniface, 1992; Barré-De Miniac y Poslaniec [comps.], 1999; Delmiro, 2002), en España todavía suele asociarse a los géneros literarios y a la formación de escritores —literatos—, o a la educación lingüístico-literaria en la enseñanza secundaria. La bibliografía sobre talleres pone énfasis en publicar los escritos generados, en establecer los fundamentos (estéticos, literarios) de la práctica o en garantizar la creatividad de los textos y de sus autores (a través de «consignas» o instrucciones originales).

Al contrario, la propuesta que sigue aspira sólo a formar ciudadanos y ciudadanas que puedan escribir de modo más eficaz los géneros discursivos corrientes que exige su posición laboral, usando los recursos propios de cada contexto y disciplina.

Casos

El taller se basa en la resolución de casos de escritura. Un caso es un género: un ciclo completo y contextualizado de comunicación escrita o de práctica de lectura y escritura. Suele incluir un problema retórico real o verosímil, con un escrito, sus convenciones, sus lectores, escritores e instituciones. Cada caso plantea una tarea de redacción, corrección o transformación de un escrito que debe resolverse con el análisis riguroso de las circunstancias. De este modo, la resolución de casos se asemeja al conocido método de *estudio de casos*.

Éstos son algunos de los casos usados en el taller:

1. *Título*: «El teléfono estropeado». *Género*: respuesta a una queja. *Situación*: en pleno postoperatorio en un hospital, las hijas llaman repetidamente y sin éxito a su madre ingresada. En una ocasión, al no responder en la habitación y ante la insistencia de las hijas, la telefonista de la centralita les informa erró-

neamente de que su madre quizás había tenido que regresar al quirófano. Más tarde se descubrió que la terminal telefónica de la habitación no funcionaba y la madre formuló una queja en el libro oficial de reclamaciones. *Rol*: trabajas en el hospital como relaciones públicas. *Tarea:* atiende la queja; decide qué harías y cómo; elabora la respuesta escrita a la queja.

2. *Título:* «El auditor imparcial». *Género*: informe de auditoría. *Situación*: en una caja de ahorros, un auditor novato presenta un informe subjetivo e impreciso en el que se acusa a un empleado de ofrecer a amigos y familiares un trato preferencial. El texto incluye frases como, por ejemplo: «Disfruta de tarjetas de crédito completamente gratis», «Tiene muy poco dinero en sus cuentas», que desvelan la actitud negativa del auditor. *Rol*: trabajas como traductor-corrector en esta entidad financiera. *Tarea*: corrige el informe mencionado para que sea objetivo y preciso.

3. *Título*: «Las flores de Bach». *Género*: tríptico comercial. *Situación*: el dueño de una tienda de productos naturistas quiere promocionar la terapia de las Flores de Bach y para ello redacta un tríptico comercial algo desafortunado que ahuyenta a los clientes. Por ejemplo, incluye frases confusas o intimidadoras como: «Es una terapia holística y vibracional que corrige las desarmonías» o «Se administra después de un interrogatorio», etc. *Rol*: trabajas como publicista y se presenta como cliente el dueño de esta tienda. *Tarea*: reescribe el tríptico; explica cómo conseguirás la información necesaria para hacerlo.

4. *Título*: «El rocódromo». *Género*: normas de uso. *Situación*: en un gimnasio de barrio, el rocódromo o muro de escalada es un problema constante: ha habido accidentes, se usa sin tener acreditación oficial de escalador, muchos usuarios no distinguen los dos niveles de dificultad, constantemente debe haber personal aclarando estas dudas, etc. *Rol*: trabajas en la administración del gimnasio y eres el que tiene más habi-

lidades de escritura. *Tarea*: escribe unas normas para usar el rocódromo, a partir de un modelo general y lleno de errores que has encontrado en Internet.
5. *Título*: «La contraportada». *Género*: contraportada de libro (paratexto editorial). *Situación*: una editorial está preparando una adaptación con dibujos para adolescentes de *Los viajes de Gulliver* de Jonathan Swift. El texto debe convencer a los potenciales clientes del producto. *Rol*: trabajas de redactor en la editorial. *Tarea*: escribe la contraportada del libro.

Todos los casos son auténticos, presentan problemas verosímiles, tratan de distintos géneros laborales e incluyen la documentación pertinente (queja, informe y tríptico original, información sobre Swift y su obra, etc.). El alumnado debe analizarla atentamente, buscar datos complementarios (sobre Bach, Swift, escalada) y ofrecer una respuesta, que suele ser otro género escrito. Las tareas abarcan desde la redacción a partir de notas o de un discurso previo hasta la reformulación o la corrección de originales.

Las dificultades que se presentan son también diversas. El primer caso trata de la correspondencia en situaciones de crisis y exige dominar el lenguaje y los géneros protocolarios: la elegancia, las formas de cortesía y saber decir las cosas con delicadeza. El segundo caso trata de la expresión de datos especializados y exige el uso de un lenguaje objetivo, como en estos ejemplos:

1. *Redacción subjetiva*:

1a. «Disfruta de tarjetas de crédito completamente gratis.»
2a. «Tiene muy poco dinero en sus cuentas.»

En 1a «disfruta» aporta matices subjetivos; «completamente» es innecesario (nada puede ser parcialmente gratis) y «gratis» es una expresión coloquial que está cargada de emotividad. En 2a «muy poco dinero» es inaceptable por ser impreciso y prejuicioso. Ambas expresiones dejan ver el punto de vista del autor.

2. *Redacción más objetiva*:

1b. «Dispone de tarjetas de crédito sin cargo.»
2b. «Su cuenta asciende a 1.234 euros.»

En 1b «dispone» y «sin cargo» son más neutros. En 2b se especifican los recursos que tienen las cuentas citadas. Ambas expresiones son objetivas y específicas y emiten datos empíricos sin juicios de valor.

El tercer caso incluye cuestiones relacionadas con el grado de especificidad de los textos y con el lenguaje comercial, como en estos ejemplos:

1. *Redacción original*:

3a. «Es una terapia holística y vibracional que corrige las desarmonías.»
4a. «Se administra después de un interrogatorio.»

En 3a «terapia holística y vibracional» o «desarmonías» son términos innecesarios para un tríptico comercial. En 4a, «interrogatorio» es inapropiado.

2. *Redacción reformulada*:

3b. «Es una terapia global contra males concretos.»
4b. «Se requiere una entrevista previa.»

En 3b y 4b se utiliza un vocabulario más corriente y adaptado a la función comercial: «global», «males concretos», «entrevista».

Finalmente, el cuarto caso trata del lenguaje técnico de las normas y de las instrucciones, que debe ser muy preciso, escueto y directo. En cambio, el quinto caso trabaja con los paratextos editoriales, que combinan la información literaria con los motivos comerciales. Cabe destacar que en todos los casos, el dominio de las habilidades lingüísticas se funde con los conocimientos profesionales sobre la disciplina: la redacción de una carta de respuesta con el protocolo de atención en un hospital; la estructura y el estilo de un informe con las normas de auditoría en una caja de ahorros; la redacción de trípticos comerciales con las técnicas del marketing, etc. Los estudiantes aprenden a escribir los géneros discursivos propios de su ámbito profesional.

Por supuesto, el tema, el contexto y el género discursivo deben adaptarse a las características del aprendiz y a los objetivos del curso. Los ejemplos anteriores proceden de un curso cuyo objetivo era formar mediadores lingüísticos en lengua materna, o sea, redactores-correctores profesionales que pudieran elaborar la documentación necesaria para una institución o empresa. En cambio, en una asignatura de comunicación científica con farmacólogos, médicos, biólogos o físicos, utilizaríamos casos de divulgación científica: hacer noticias, reportajes y crónicas sobre temas de actualidad (transgénicos, neumonía atípica, elección del sexo de los hijos, ADN, ecología).

Organización

En clase, la resolución de cada caso sigue esta secuencia:

1. *Planificación*: al final de cada sesión se presenta el caso de la siguiente. El docente expone bre-

vemente el caso (comunicación empresarial externa o interna; comercial o protocolaria; técnica o generalista) y el contexto en el que se presenta el problema que debe resolverse (fábrica, hospital, gimnasio). El alumnado analiza cooperativamente la documentación, se vislumbran las características que debería tener el texto-solución (estilo, contenido, estructura, tono) e incluso se puede empezar a planificar (con un torbellino de ideas o un esquema del mismo).
2. *Textualización*: los alumnos escriben el texto por su cuenta, solos o en pareja, aprovechando lo dicho en clase. Pueden consultar al docente y le entregan su texto antes de la siguiente clase. Esta fase puede hacerse fuera del aula.
3. *Revisión*: previamente el docente ha corregido todos los escritos, destacando los puntos fuertes y débiles; ha elegido dos o tres textos, que sean representativos y variados, y los ha fotocopiado para todo el grupo. La siguiente clase empieza con el comentario de estas fotocopias.

La mayor parte de la sesión (50%) se dedica a leer en pareja y a comentar en público estos escritos (más adelante veremos cómo se hace con más detalle). Al finalizar, los alumnos tienen la oportunidad de reformular su texto aprovechando las ideas que hayan aprendido en la sesión, con las aportaciones de sus compañeros y del docente y con la comparación con las propuestas comentadas. También es interesante que los estudiantes cuyos escritos hayan sido comentados en público elaboren un informe en el que expresen sus impresiones (cómo se sintieron, cómo hicieron su texto y qué incluyeron en la reformulación, lo que aprendieron).

Para elegir los textos que se comentan públicamente hay que tener en cuenta varios criterios:

a) que el escrito tenga una mínima calidad lingüística, para evitar críticas crueles o burlas de los compañeros y la vergüenza de su autor;
b) que los escritos elegidos muestren enfoques variados e incluso opuestos;
c) que los escritos elegidos sean de autores variados, de modo que todos vivan sucesivamente la experiencia de ver comentados sus textos.

Así, cada clase juzga un caso distinto —¡casi como un serial policíaco!— y adquiere autonomía. Además, las tareas compositivas que permiten la cooperación con compañeros (búsqueda de ideas, planificación, revisión por pares, intercambio de ideas) se desarrollan en el aula, mientras que fuera de ella se realizan las tareas individuales y las que exigen más esfuerzo (textualización).

Ejemplo

Veamos la documentación de un caso, titulado «Las galletas envenenadas», que trabajaba con el género comunicado de prensa. El enunciado es así: «Trabajas en el departamento de comunicación y relaciones públicas de Maravillas, S. A., que es una conocida fábrica de galletas. Un día aparece esta noticia en todos los periódicos de tu ciudad. Tu jefe te pide que actúes. ¿Qué haces?».

Consumo

SANIDAD ALERTA POR UNAS GALLETAS
CON DERIVADOS LÁCTEOS

Barcelona (Agencias.) – El Ministerio de Sanidad ha alertado a las comunidades autónomas de que se han distribuido por toda España unos dos millones de paquetes de galletas de la marca Estupendos de chocolate blanco en cuyos

> envases no figura que contengan derivados de leche de vaca y que pueden provocar reacciones alérgicas a personas intolerantes a estas proteínas.
> Un portavoz de la multinacional Maravillas S. A. informó a Efe de que se envasaron erróneamente unos dos millones de Estupendos de chocolate blanco en envases de estas galletas de chocolate negro, que, a diferencia de los primeros, no contienen derivados de leche de vaca. De estas galletas, 24.000 paquetes ya han sido retirados de los establecimientos; otros 93.000 aún continúan a la venta y serán retirados en las próximas horas, y el resto la compañía considera que han sido ya consumidos por personas que no tienen ninguna alergia a estos componentes lácteos.
> El error se detectó después de que una niña de 4 años de la localidad barcelonesa de El Masnou, que sufre intolerancia a las proteínas de la leche de vaca desde que nació, tuviera una fuerte reacción alérgica al comerse una galleta. La niña sufrió picores y problemas respiratorios y se le tuvo que administrar una inyección subcutánea de adrenalina para contrarrestar el cuadro alérgico.
>
> *La Vanguardia*, 27 de febrero de 1998
> (los nombres auténticos de la fábrica
> y de los productos han sido sustituidos).

En la primera sesión se inicia el estudio del caso a partir del análisis de esta noticia. Hay que tomar conciencia de las consecuencias que esta crisis puede tener para la empresa: posible caída de ventas, pedidos devueltos, pérdida de prestigio, reclamaciones. También hay que explorar posibles soluciones: recuperar los paquetes mal etiquetados, facilitar el intercambio de los paquetes defectuosos, devolver la confianza a los consumidores. El docente puede resaltar algún dato que no quede aclarado en el texto: la fábrica produce las galletas Estupendos con chocolate blanco o con chocolate negro; las galletas siguen teniendo la misma calidad, sólo se trata de una confusión en el envase, etc.

El aprendiz debe llegar a la conclusión de que una medida imprescindible consiste en publicar inmediatamente un comunicado de prensa pagado en todos los periódicos —o como mínimo en los que apareció la noticia— para informar de las medidas tomadas. Se trata de un texto breve, pero importante, que llegará a decenas de miles de lectores. A partir de aquí, se puede iniciar su planificación: ¿a quién se dirige?, ¿a los afectados?, ¿a los consumidores de galletas?, ¿a todos los lectores?, ¿qué debe comunicarse en el escrito?, ¿cuáles son las principales ideas?, ¿con qué estilo?, ¿dónde hay textos parecidos para aprender y copiar?

Después de reflexionar sobre estas cuestiones, el aprendiz elabora su comunicado fuera de clase, de modo individual o por parejas, y lo entrega al docente con antelación —para que éste pueda preparar la siguiente sesión—. En la siguiente clase, se comentan algunos de los escritos de los docentes, como los dos siguientes, que corresponden al ejercicio de una estudiante (primer recuadro) y al comunicado real que publicó en la prensa la empresa afectada (segundo recuadro).

La empresa Maravillas informa

Que un error en el etiquetaje de los envases de galletas Estupendos provocó que se envasaran galletas de chocolate blanco en envases de galletas de chocolate negro.

Maravillas le informa de que esta confusión en el etiquetaje de los envases ya se ha solucionado. 24.000 envases de galletas etiquetadas erróneamente ya fueron retirados del mercado. El resto se está retirando de los puntos de venta para evitar más confusiones.

Las galletas Estupendos se elaboran con ingredientes de máxima calidad y han superado todos los controles sanitarios. Para más información puede llamar a nuestro número de atención al cliente: 902 000 000. Un equipo de especialistas resolverá cualquier duda que pueda tener.

Maravillas le pide que disculpe cualquier molestia que esta confusión le pueda haber causado y le agradece, una vez más, la confianza que deposita cada día en nuestros productos.

Atentamente,

Xxxxxxxx
Directora de Comunicación de Maravillas E. R.

Comunicado de Maravillas

Estupendos Blanco es una galleta recubierta de chocolate blanco en cuya elaboración se utilizan ingredientes de máxima calidad. Uno de sus ingredientes básicos es la cobertura de chocolate blanco en cuya elaboración se utilizan leche entera y desnatada en polvo que le da su característico color blanco y su delicioso sabor.

Maravillas desea poner en conocimiento de sus consumidores que por un error de impresión en los textos de ingredientes de sus Galletas Estupendos Blancos Promoción «Un día redondo» y únicamente en esta promoción y sabor, no aparecen en la lista de ingredientes la leche entera y desnatada en polvo sin que este error afecte a la calidad del producto.

En la voluntad de evitar posibles problemas a sus consumidores que tuvieran algún tipo de alergia a los constituyentes naturales de la leche, Maravillas está procediendo a la retirada del producto correspondiente a esta promoción sustituyéndolo por producto correctamente etiquetado.

Maravillas quiere agradecer a sus consumidores y clientes la fidelidad a sus productos y la colaboración que están prestando para la rápida retirada del producto. Para cualquier aclaración o retirada del mismo puede llamar al Teléfono de Atención al Consumidor 900 30 24 24.

La Vanguardia, 28 de febrero de 1998, pág. 10.

Respecto al primer escrito, el comentario oral en clase debe destacar la mezcla inapropiada de rasgos de comunicado de prensa (título, estilo formal) y carta (despedida: «atentamente», firma, tratamiento de usted), la selección y ordenación oportunas de los datos (disculpas finales, optimismo: «ya se ha solucionado») o el estilo directo y cordial, con frases breves y claras. Al contrario, del segundo escrito sorprende un primer párrafo desafortunado que parece de publicidad («delicioso sabor»), el estilo barroco («desea poner en conocimiento», «en la voluntad de evitar») con repeticiones («en cuya elaboración»), los errores gramaticales («la leche entera y desnatada/no aparecen») y el abuso de gerundios («está procediendo», «sustituyéndolo»). Estos rasgos dificultan que los lectores puedan comprender el mensaje con facilidad con una sola lectura.

La comparación de ambos escritos, en un contexto concreto, permite valorar el impacto que tiene cada opción lingüística. Además, el hecho de criticar y desenmascarar los errores de los textos auténticos publicados por la prensa, como el segundo, contribuye a desmentir las ideas que tienen los aprendices de que lo que se publica posee siempre calidad y no tiene errores por el hecho de haber sido publicado.

3.2. El comentario oral

En este apartado explicaré con más detalle cómo podemos organizar el comentario oral. No conviene presuponer que los estudiantes ya saben hablar sobre lo que escriben. La cultura educativa hispana es más callada que hablada, por la tradición de corregir el escrito con marcas gráficas. Las personas tampoco hemos aprendido a saber decir toda la verdad —y nada más que la verdad— de modo cortés sin ofender a los demás. Enseñar a hablar sobre lo que leemos y escribimos forma parte de la tarea de enseñar a escribir los géneros discursivos.

Normas para hablar

Unas normas éticas previas pueden sentar las bases generales del diálogo. Aprendices y docentes pueden leerlas y negociarlas el primer día de clase. En las sucesivas sesiones el docente debe velar por su cumplimiento. Éstas son las que utilicé en varios talleres:

Normas para dialogar sobre nuestros textos

1. Me comprometo a participar activamente en clase, escuchando a los compañeros e interviniendo con mis opiniones.
2. Leeré los textos y prepararé mis comentarios, antes de la clase y en el aula.
3. Respetaré las opiniones de todos mis compañeros.
4. Primero habla el autor, después el lector y al final el docente.
5. Haré intervenciones breves y concretas.
6. Diré en cada intervención siempre algo *positivo* y algo *mejorable*.

Sin duda, el comentario tiene interés porque el aprendiz aporta sus ideas sinceras y porque todos dialogan sobre sus puntos de vista. Para ello es imprescindible comprometerse previamente a hacerlo (normas 1 y 2) y aceptar que se va a mantener el respeto cuando surjan discrepancias (norma 3). El hecho de que a veces se participe como autor (aprendiz-autor) o como lector (aprendiz-lector) no debe influir en el cumplimiento de este compromiso. (No resulta una norma tan obvia, puesto que la experiencia muestra que algunos aprendices perezosos tienen una actitud más participativa cuando asumen el rol de autor, mientras que se inhiben cuando actúan sólo como lectores.) El orden de las intervenciones es importante, puesto que uno siempre puede referirse a lo dicho con anterioridad, pero no sabe lo que se va a decir después. La norma 4 aclara esta cuestión, con el criterio de que el primero en hablar debe ser el más afectado por el texto, y el último, el menos implicado. En concreto, el primero en hablar debe ser el aprendiz-autor, o sea, la persona cuyo texto es objeto de comentario. Los aprendices que actúan como lectores pueden intervenir a continuación. Y el último en hablar debe ser el docente, que aquí es el menos implicado.

Que el aprendiz-autor pueda hablar en primer lugar permite descargar parte de la tensión o angustia que implica presentar un escrito en público y ser leído, comentado y criticado por los colegas. El autor puede usar este turno para excusarse o autocriticarse, si no está satisfecho con su obra. También puede destacar los errores que contiene antes de que lo hagan sus compañeros. Cabe recordar que habla después de haber recibido las correcciones privadas del docente, de haber dialogado con un aprendiz-lector (mientras el resto de parejas lee los textos en privado) y después de haber visto los textos de otros compañeros, que también son objeto de comentario. Estos aspectos le permiten tener una percepción mucho más rica sobre su texto que cuando lo entregó y puede usarla para avanzarse a las críticas de sus compañeros.

La intervención del docente, en último lugar, debe confirmar lo dicho y centrarse en lo que no haya destacado nadie. El papel del docente aquí es más de dinamización del debate, de repartición de turnos y de supervisión de las normas anteriores. Sólo debería decir lo que no ha sido descubierto previamente por ningún aprendiz. También puede confirmar, refutar o matizar las intervenciones del grupo.

Puesto que se trata de construir un *diálogo de interpretaciones*, es relevante que los aprendices se acostumbren a hablar en turnos breves, concretos y claros (norma 5). Es especialmente relevante la idea de claridad: cada aprendiz debe ensayar primero con su colector, mientras lee con la pareja, lo que va a intentar decir después al gran grupo.

Finalmente, cada intervención del aprendiz-lector debe contener un número equilibrado de aspectos *positivos* («me gusta», «está bien», «es original») y *mejorables* («no me gusta», «está mal», «es confuso»). Esto permite evitar las intervenciones crueles, centradas sólo en los aspectos negativos, o las que eluden comprometerse y mencionar los problemas, al centrarse sólo en lo bueno (norma 6). Esto es importante, porque el comentario que evita las discrepancias o que se centra sólo en los aspectos positivos acaba siendo soso, parcial y reiterativo. También es relevante referirse a lo *mejorable* y no a lo *negativo* para fomentar actitudes críticas, pero constructivas.

Podemos distinguir tres fases cronológicas en el comentario, que voy a analizar por separado: la *construcción de interpretaciones*, la *autopresentación* y el *intercambio de impresiones*.

La construcción de interpretaciones

En esta primera fase, los alumnos leen y analizan los textos elegidos para comentar. Como dije anteriormente, no es fácil opinar sobre un texto, con ideas propias, en poco tiempo, en soledad y con la presión —que pueden sentir algunos aprendices— de que van a tener que decir algo en público. Conviene preparar la lectura: ayudar a construir interpretaciones.

La lectura se realiza por parejas con el objetivo de que cada uno compare su opinión con la de un compañero. Al conversar con un aprendiz —que voy a denominar *colector*—, se verbalizan las intuiciones y las sensaciones y se contrastan con las del compañero. Juntos y en privado, los miembros de la pareja construyen paso a paso una interpretación razonada del texto. Además, este diálogo actúa como un ensayo de la «intervención» posterior ante el gran grupo, en la que el aprendiz puede «repetir» con más seguridad lo hablado en pareja.

Los términos «colectura» y «colector» no existen en español, a diferencia de «coautoría» y «coautor», bastante generales, o de «correvisor», más técnico. Este vacío indica hasta qué punto está enraizada en nuestra cultura una concepción solitaria de la lectura. Seguramente se practica en varios foros (reuniones profesionales en que debe interpretarse un documento técnico, comentarios informales entre amigos), pero no merece nuestro interés y no se nombra.

«Colectura» se refiere aquí a la actividad en la que dos (o más) personas cooperan para interpretar un texto desde la posición de lector (sin implicaciones en su autoría). La colectura incluye tareas variadas: procesamiento individual del texto en silencio, lectura en voz alta o subvocalizada conjunta, diálogo oral posterior al procesamiento individual, diálogo insertado en interrupciones de la lectura oral; comentarios locales o globales entre relecturas, etc.

Las parejas pueden leer y comentar el texto con autonomía o siguiendo instrucciones del docente. Con géneros desconocidos y textos complejos, es conveniente que el docente oriente la lectura con instrucciones como éstas: «Busca si las ideas están ordenadas del modo más lógico», «Valora si los párrafos son compactos», «Busca caídas o cambios en el grado de formalidad», «Fíjate en la presentación que hace de sí mismo el autor», etc.

Para cerciorarse de que las parejas leen bien y construyen interpretaciones, el docente puede tutorizarlas durante la actividad. Las orientaciones pueden matizarse o concretarse en la medida en que las parejas trabajen bien o no.

Mientras las parejas leen y conversan, el docente puede entregar en privado a los aprendices-autores sus textos corregidos y comentarlos brevemente. Puede entregarlos todos: los que se van a comentar en público y los que no. Vale la pena prestar atención a los primeros, para que sus autores puedan aprovechar las anotaciones del docente en su autopresentación. Puede haber tiempo para que los autores y el docente dialoguen sobre las correcciones. Sobre la manera de hacer las correcciones, véase Cassany (1993).

En resumen, es esencial dedicar tiempo a esta fase porque prepara el intercambio posterior. Entre colectores se «incuban» las interpretaciones personales y se evita así aquella terrible situación de silencio al inicio de un comentario, cuando nadie dice nada porque nadie tiene nada que decir, porque nadie pudo prepararlo.

La autopresentación

En la segunda fase se inicia el diálogo público con las intervenciones de los aprendices cuyos textos se van a comentar. Son intervenciones breves y voluntarias, no hay que obligar a hablar a nadie.

Existe la posibilidad de que los textos que se comentan se presenten anónimamente —o sea, escondiendo el nombre de su autor—. Pero resulta difícil mantener el anonimato, porque los estudiantes se conocen (el estilo, la letra) y porque los autores quieren manifestar sus opiniones. Por otro lado, no parece recomendable, porque se cierra la posibilidad del intercambio.

Entre otros temas, cada aprendiz-autor puede usar su turno de presentación para explicar algunas de estas cuestiones:

1. El proceso de composición seguido desde el inicio de la tarea hasta la consecución de la versión entregada: el enfoque dado al texto y los motivos de esta elección, las fuentes consultadas, las producciones intermedias hechas (esquemas, borradores, revisiones). La versión final no siempre tiene huellas de su gestación.
2. La valoración personal del escrito. El aprendiz-autor debe aprender a distanciarse de su texto, identificando lo que le gusta y lo que le disgusta, los aspectos que resultaron más difíciles y los que resolvió con facilidad. Debe aprender a valorar con frialdad su propia producción.
3. Las emociones. Se puede explicar el estado de ánimo con que el aprendiz se enfrentó a la tarea: interés o indiferencia, angustia o alegría, presión o tranquilidad, confianza o desconfianza.
4. Errores y aciertos. A la luz de las correcciones recibidas del docente, de las opiniones de su colector y de la lectura de los otros textos, el autor también puede justificar algunos de los errores cometidos o sugerir cambios que introduciría en su versión.

En conjunto, el autor debe encontrar su «voz» de escritor, debe fortalecer un discurso personal ante sus lectores, debe crecer como autor. En mi experiencia, los aprendices que pueden hablar más en este punto son los que tienen un nivel de conciencia superior sobre sus capacidades de producción y los que también escriben mejor.

El docente puede ayudar a hablar al aprendiz con algunas indicaciones. Puede ofrecer una suerte de andamiaje, como si estuviera construyendo una casa, su discurso —aplicando la conocida metáfora de la psicopedagogía constructivista—. Puede preguntar: «¿Cómo te sentiste al escribir?», «¿Han cambiado tus sensaciones?», «¿Estás contento/a?».

También es útil «simular» o «escenificar» algunos de los diferentes discursos posibles ante la situación de presentar el texto: «No me gusta nada mi escrito; me pareció fatal cuando lo terminé y ahora lo veo peor» o, al contrario: «Me gusta mi texto; veo errores en él al compararlo con otros y al haber visto las correcciones del profe, pero me sigue gustando; creo que acierta en el tono». El autor debe aprender a «desprenderse» emocionalmente de su escrito y a mitigar su «adherencia» a actitudes egocéntricas como: «Mi texto está siempre bien», o «Está siempre mal», o «Mi texto soy yo», y viceversa.

El resto de aprendices pueden aprovechar la oportunidad para preguntar al autor sobre su texto. Es un privilegio tener a mano al autor de lo que estamos leyendo, para preguntarle todo lo que nos suscitó su lectura. ¡Hay que aprovecharlo! El docente puede animar a los aprendices a preguntar: «¡Ayuden al autor a expresar sus opiniones!», «¿Qué no les ha quedado claro del texto?», «¿Qué les ha sorprendido?».

El intercambio de impresiones

En la tercera fase se debate sobre el texto con intervenciones libres y abiertas.

No hay un orden prefijado en el intercambio. Los alumnos participan a su antojo y se cortan, replican y rebaten libremente —manteniendo una cierta cortesía—. Al docente le corresponde equilibrar la espontaneidad y el orden, dirigir el debate hacia los puntos relevantes, animar a hablar a los tímidos, limitar el tiempo a los monopolizadores, repartir turnos en las discusiones acaloradas y exigir a todos que respeten las normas. También debe aclarar las intervenciones confusas o parciales del aprendiz, reformular las mismas, pidiendo aclaraciones, insertando preguntas de apoyo que permitan al aprendiz concretar su aportación o reformulando sus ideas.

Para poder manejar el debate con habilidad, se pueden usar algunos trucos:

1. *Lista de temas*: no es posible adivinar cómo va a ser el debate o quién hablará, pero podemos preparar con antelación una lista con los puntos relevantes del texto que deben comentarse. Así nos aseguramos de que el debate —aparentemente anárquico— vaya tocando todo lo importante. Podemos ir tachando cada punto a medida que los alumnos los comentan. Incluso podemos anotar la lista de temas en la pizarra, para que todos puedan verla.
2. *Control de participación*: es bueno mantener un cierto control sobre las intervenciones del grupo, para cerciorarse de que intervienen todos los aprendices. Si es necesario, podemos usar instrucciones como éstas: «Vamos a dejar que hable ahora alguien que todavía no haya intervenido; María, ya has hablado dos veces, anima a tu pareja colectora —que no ha hablado— a que diga por ti lo que habéis preparado; están hablando sólo las personas que están sentadas enfrente, vamos a dar la voz ahora a las últimas filas».
3. *Transparencias o proyecciones*: en algunos casos es útil proyectar el texto con retroproyector u ordenador para marcar el texto durante el comentario. Se pueden usar colores y formas diferentes para distinguir cuestiones de diferentes categorías. Aunque todos tengan una fotocopia del texto, a veces resulta difícil mostrar alguna cuestión de formato, de construcción sintáctica o de organización del discurso. Una imagen puede facilitar la tarea.

El objetivo del debate es conseguir el grado más elevado de interpretación y valoración de cada escrito a partir de la suma de todos los puntos de vista. Cada opinión aporta su grano de arena; el debate tiene que incluir todas las sensibilidades. En mi experiencia, sólo recuerdo dos situaciones algo embarazosas en las que algún alumno hizo intervenciones inadecuadas, algo agresivas o totalmente fuera de tono. En ambos casos se trataba de personas con otros problemas de relación con el grupo o aprendices que se incorporaban al grupo en pleno curso y que desconocían la dinámica establecida. En ambos casos, la intervención del docente fue suficiente para reconducir el debate hacia el tono y el enfoque deseados.

Con el debate acabado, el aprendiz-autor debe presentar la versión definitiva de su texto, en la que tiene el derecho de aprovechar todo lo que desee de lo dicho en clase, pero sin ninguna obligación. Es relevante que el aprendiz guarde todas las producciones relacionadas con cada caso y que, cuando entregue la versión final, la acompañe con todo este material. La valoración final que puede hacerse resulta así mucho más completa y rica.

Ambiente

Es fundamental crear un ambiente relajado en el aula para conseguir que el debate fluya con espontaneidad e interés. Cada estudiante debe sentirse cómodo y confiado para intervenir en cualquier momento. Las aportaciones de todos deben ser respetadas y apreciadas. Los errores no deben ser vistos como males o flaquezas de nadie, sino como oportunidades de mejora.

No es una tarea fácil. Todos —estudiantes y docente— entramos en el aula con nuestro rol profesional y con nuestro carácter, a veces cargados de orgullo o humildad, (in)seguridad o (des)confianza. La tradición y la experiencia académica previa pesan enormemente y no siempre en la dirección oportuna.

Mis estrategias para fomentar un buen ambiente en clase son sencillas y personales: preferir el lenguaje coloquial y simple, intentar explicar los hechos desde la óptica del estudiante, acercarme a él con un trato cercano, intentar desarrollar empatía, no obligar nunca a nadie a hablar, utilizar el humor para romper el hielo o desdramatizar las situaciones comprometidas. Pero, sin duda, otros estilos docentes también pueden contribuir a crear este ambiente.

Los cuadros de las págs. 136-137 muestran a la izquierda algunas dificultades o situaciones particulares que se presentan durante el debate y, a la derecha, algunas ideas para minimizarlas. En definitiva, el objetivo es que con todos estos recursos e ideas los estudiantes encuentren el ambiente adecuado para expresar sus ideas y para compartir solidariamente sus puntos de vista con sus colegas.

3.3. Más detalles

Veamos algunos otros detalles del taller, ahora que ya conocemos su mecánica: los propósitos de la propuesta, sus fundamentos lingüísticos y una pequeña variante con mucho potencial pedagógico.

Propósitos

Los propósitos de este taller van más allá de la corrección de textos o del aprendizaje lingüístico. El taller aspira a que el aprendiz:

1. *Desarrolle representaciones y actitudes más reales y científicas sobre los géneros discursivos*:

Dificultad	Consejos
Uno o más estudiantes no prestan atención al debate: hablan entre sí, están distraídos o haciendo otras actividades.	• El docente ofrece motivos para prestar atención al debate. Por ejemplo: «¡Atención!, escuchad a vuestros compañeros para decidir si estáis de acuerdo o no con ellos». • El docente se acerca a ellos y se queda de pie a su lado, sin interrumpir el debate. (La cercanía física suele inhibir al alumno.)
Un estudiante hace aportaciones incomprensibles.	• El docente repite lo dicho de modo más comprensible y pregunta al estudiante: «¿Es esto lo que crees?», «¿Te entendí bien?». Y luego al resto del grupo: «¿Estáis de acuerdo?». Es la técnica del espejo. • El docente pide ayuda al colector para que aclare el punto de vista.
Un estudiante no puede o no sabe formular sus ideas de modo concreto.	• El docente le ayuda con preguntas: «¿Qué quieres decir con *interesante*?», «¿Por qué X?». • El docente le formula una pregunta cerrada de sí o no: «¿Quieres decir X?», «¿O quizá Z?».
Un estudiante interviene con exceso o con turnos muy largos.	• El docente corta su intervención: «Por favor, ¿cuál es tu aportación? Hagan aportaciones breves, por favor».
Algunos estudiantes no intervienen espontáneamente.	• El docente reparte turnos: «Vamos a ceder la palabra ahora a los compañeros del fondo… a los que todavía no han hablado». • El docente sigue con su mirada a los estudiantes que no hablan y les anima a hacerlo no verbalmente, con la mano.

Dificultad	Consejos
Dos o más estudiantes se enganchan en una discusión particular.	• El docente corta la discusión, resume el punto de vista de cada uno de modo desapasionado y delimita el debate. • El docente hace intervenir al resto de estudiantes para que se posicione. Por ejemplo: «Que levanten la mano los que piensan X». «Ahora los que piensan Z.»
Un estudiante interviene de modo inapropiado: nervioso, apasionado, atacando, etc.	• El docente corta la intervención y reformula la intervención de modo neutro, desvinculado de las personas. Pide al estudiante calma y que confirme o no su interpretación.
Un estudiante hace una pregunta ya respondida o insiste en una idea ya escuchada.	• El docente utiliza a los estudiantes que dijeron antes la idea para confirmar. Por ejemplo: «Veamos, ¿quién dijo esto antes?». «María, acláralo nuevamente.»
La intervención de uno o más estudiantes abre temas nuevos de discusión sin cerrar el anterior.	• El docente pide al estudiante que posponga su intervención para más adelante y pide al grupo que se centre en el tema en cuestión. Más adelante, el docente puede dar la palabra al estudiante para que repita su propuesta de nuevo tema.
El debate unitario se rompe en discusiones y conversaciones en pareja o pequeños grupos.	• El docente, para el debate, llama la atención de todos los estudiantes, recupera el control y repite el último punto.

con el taller, el estudiante descubre que existen múltiples maneras de responder a un caso o infinitas opciones discursivas para atender a una necesidad; que un mismo recurso verbal tiene ventajas e inconvenientes; que puede tener distintos valores en diferentes contextos. La presencia de varios autores y lectores hace emerger la inevitable ambigüedad del lenguaje: cada lector interpreta un texto de manera diferente; autor y lectores no siempre procesan el escrito del mismo modo.

En definitiva, el aprendiz descubre que escribir no consiste en «empaquetar» mensajes como quien envía cartas o cajas por correo postal. Al contrario, escribir se parece más a lanzar una piedra —uno no sabe con certeza los efectos que va a causar cuando la piedra salga de la mano—. El significado de los textos se construye en la cabeza de autores y lectores y no en el papel impreso, por lo que cada uno aporta al mensaje sus connotaciones, sus impresiones personales. Como sugieren Elbow y Belanoff (1973, pág. 12), el aprendiz descubre la paradoja de la escritura: *el lector siempre tiene razón; el autor siempre tiene razón*, aunque crean y digan cosas diferentes.

2. *Crezca como autor*: la tradición escritora hispana es solitaria y silenciosa. La corrección suele ser algo privado entre docente y aprendiz. No es habitual que los aprendices se lean entre sí o que hablen de ello. Tampoco es corriente que el estudiante decida lo que quiere escribir, que tome libremente decisiones sobre qué escribir, cómo hacerlo, qué decir. En consecuencia, es probable que los aprendices carezcan de experiencia previa en este sentido.

Así no es extraño que tengan dificultades para expresar sus opiniones, que tengan miedo

de hacerlo o vergüenza de reconocer que no saben, que el autor no quiera presentar su texto en público —¡porque está angustiado!— o que el lector tenga miedo de violentar al compañero con sus opiniones. El taller también aspira a formar al aprendiz, autor y lector en estas destrezas sociales porque la escritura profesional, como actividad cooperativa, incluye la conversación entre coautores y lectores.
3. *Desarrolle capacidades sociales relacionadas con la disciplina o el ámbito correspondiente*: el hecho de tratar con textos auténticos y con géneros discursivos básicos de cada ámbito favorece que se trabajen también cuestiones de contenido, que van más allá de la escritura. Al trabajar con un comunicado de prensa, con la respuesta a una queja, con un informe, los aprendices aprenden también los aspectos fundamentales de las prácticas sociales: cómo una empresa difunde datos a través de los medios de comunicación, cómo gestiona las reclamaciones de los usuarios o cómo se utiliza la escritura para determinar las normas de uso de una instalación en un gimnasio.

Fundamentos

Algunas de las ideas y concepciones que apoyan el taller pueden resumirse en estos cinco puntos:

1. *Escribir es algo social*: lo que escribe el aprendiz debe responder a otros textos o reaccionar a los hechos. El mejor escrito está más cerca de la comprensión de los escritos previos y de los hechos externos o de la síntesis con el contexto comunicativo, que de la generación de pensamientos individuales o del de-

sarrollo de la creatividad. Escribir sigue siendo una forma de conseguir cosas, pero insertada en contextos particulares, con fuertes restricciones. Escribir es inscribir el discurso propio en los previos.
2. *La escritura es una herencia cultural*: sólo podemos usar las palabras y los estilos que nos han legado nuestros antepasados. Como dice el poeta, *todo lo que no es tradición es plagio*. Lo que escribimos pertenece a distintos géneros preestablecidos que debemos conocer y respetar para no transgredir sus normas. También escribimos para una organización (empresa, fábrica, gimnasio, editorial), de modo que a menudo prescindimos de nuestras expansiones más personales para incorporar la cultura y la sensibilidad de la pequeña comunidad laboral a la que damos nuestra voz.
3. *Escribir es cooperar*: un escrito es el resultado de la aportación de varias personas. Escribir requiere interactuar con varios colaboradores. El aprendiz escribe en compañía de sus colegas, coautores, autores, colectores y lectores, que opinan, discrepan y argumentan. En la revisión y la conversación, la posibilidad de apoderarnos de las sugerencias de los compañeros resulta más interesante que la de mantenerse sólo las ideas propias.
4. *Escribir incluye leer,* desde varios puntos de vista. No se llega a escribir bien si uno no sabe comprender los escritos previos que provocaron la situación en la que se pretende escribir. Hay que leer y analizar muy bien los textos que originan el problema, las instrucciones que deben seguirse o los modelos que deben tenerse en cuenta. Por otra parte, uno es siempre el primer lector de lo que escribe. Somos los primeros lectores de nuestros textos y difícilmen-

te alguien más podrá entenderlos si ni nosotros somos capaces de darles sentido. Por este motivo debemos leer bien lo que escribimos: para poder escribir mejor.
5. *Escribir incluye conversar* entre coautores, autor y lectores. Puesto que escribimos en sociedad, el autor también debe interactuar con el resto de coautores y colectores. Aprender a escribir requiere aprender a hablar sobre lo que se escribe: aprender a negociar la tarea, quién hace qué, cuándo y con qué estilo.
6. *Construir significados*: el significado de un escrito lo construimos activamente en nuestra cabeza. Es diverso por naturaleza. El taller de escritura y el comentario de textos no pretenden hallar *la* interpretación o *la* valoración buenas, sino sumar las variadas perspectivas de autores y lectores.

En resumen, esta propuesta recupera la importancia del producto escrito, sin menospreciar la importancia del proceso de composición. Pone tanto énfasis en el carácter social y dialógico de la escritura como en el desarrollo de los procesos cognitivos. Otorga tanta relevancia a la expresión e invención personal como a la capacidad para conectar en cada situación con los géneros, los lectores y las comunidades deseadas.

El aprendiz-autor es invitado a insertar su escritura en su entorno social: las instituciones, los géneros, los lectores y los autores que viven con él o ella. Debe analizar los textos previos; copiar, adaptar o manipular modelos afines, o buscar textos paralelos para extraer léxico, expresiones, estructuras o «tonos» adecuados. Con *textos paralelos* me refiero a los escritos de tema, género o estilo parecidos al que debe producirse, de los que se pueden extraer soluciones e ideas para el nuevo texto.

Externalismo

El planteamiento de este taller —como también de la propuesta previa de comentario— debe enmarcarse en la corriente denominada *externalismo*, por oposición a los enfoques *internalistas* (Benítez Figari, 2005). El externalismo aglutina las diferentes teorías sobre la composición de escritos que adoptan una mirada más sociocultural: que consideran que los procesos cognitivos internos de un autor no bastan para explicar la capacidad de escribir; que otorgan tanta relevancia a los factores *externos* al sujeto (la comunidad, el lector, el género) como a los *internos* (procesos mentales, memoria), o que sostienen que no existe una división entre la mente y el mundo externo. En la mente se refleja el mundo externo o la construcción de la mente depende del entorno que la rodea.

Una de las teorías externalistas más conocidas es el *Movimiento del posproceso* (coloquialmente, *poPro*; Kent [comp.], 1999), que desarrollado en EE.UU. a finales de la década de 1990, aboga por la superación del famoso «paradigma de los procesos de composición». Este enfoque critica la excesiva importancia que adquirió la teoría del proceso de composición y el enfoque cognitivo en la enseñanza de la producción escrita. Considera que muchas de sus propuestas prácticas han caído en el esquematismo y la fosilización. Así, muchas tareas o ejercicios de escritura, que se inspiran en la teoría de los procesos, incluyen tareas de preescritura y reescritura, pero no consiguen que el aprendiz adquiera los usos sociales de la escritura. Las propuestas se han mecanizado y no garantizan un aprendizaje social y significativo.

Siguiendo a Kent (1999, págs. 1-5), los tres axiomas más comunes de la propuesta poPro son:

a) *La escritura es pública*: el autor forzosamente utiliza voces, lenguajes e ideas prestadas, de otros —de textos previos, de la comunidad—, de manera que los conceptos tradicionales de «autoría individual» o «escritura privada» deben revisarse.

b) *Escribir es un acto interpretativo*, en un sentido bastante más amplio que en la teoría del proceso. La tarea de procesar la escritura (de leer y escribir) es contingente y tremendamente circunstancial, local. Carece de inicio o fin: siempre estamos «leyendo el contexto, las intenciones o los conocimientos previos» de los interlocutores y de nosotros mismos. Es inútil intentar delimitar episodios de «lectura y comprensión» o de «producción escrita» y de actividad cognitiva, porque ocurren ininterrumpidamente.

c) *El discurso y el autor y el lector están situados*: leemos y escribimos desde un determinado horizonte de conocimientos y suposiciones. Cada acto de lectura y escritura es irrepetible e irreductible, de manera que es imposible intentar generalizar «estados» o «elementos abstractos» del proceso, sólo se consiguen aproximaciones generales que pierden forzosamente las particularidades relevantes.

Los defensores del posproceso sugieren recuperar la importancia que siempre ha tenido el producto escrito y resituar al escritor como lo que es: un elemento entre otros (lector, género, comunidad) en el proceso general de la comunicación. El sentido de «autor» y de «composición» no son tanto los de «individualidad» o «expresión egocéntrica de ideas personales», como los de organismo inserto en un entorno, que realiza las funciones necesarias para que el ecosistema comunicativo (del ciclo comunicativo) viva con normalidad. El lector, el contexto, el género discursivo y la comunidad en la que surgen las prácticas de escritura son tan relevantes como el autor y sus procesos compositivos.

Escribir con los aprendices

Veamos para terminar una variante del taller, en la que el docente abandona su rol clásico de corrector o supervisor para pasar a ser un coautor auténtico —o un «escriba» cualificado que cede sus habilidades al aprendiz—. Se trata de que el docente coescriba alguno de los escritos de los estudiantes, para mostrar *in situ* cómo se construye un discurso más bello, eficaz, directo o claro. De este modo el aprendiz no sólo recibe indicaciones de lo que tiene que hacer, sino que lo ve «en acción» y en su propio texto o en el del compañero.

Este ejemplo forma parte de un máster de comunicación científica en el que los estudiantes debían escribir una columna de opinión sobre un tema especializado:

Original del aprendiz

Evitando seudo-inglés
    ¿Cuántas veces has oído a un amigo o a un compañero decir que había un *overbooking* de gente en una fiesta, o que no pudo encontrar un *parking*, o que le gusta beber coca-cola *light*, o que tiene que hacer más *footing* después de las fiestas navideñas? Seguramente, estás familiarizado con todas las palabras en cursiva. Sin embargo, ninguna de estas palabras está correctamente utilizada en estas frases. Por ejemplo, *overbooking* tiene como único significado —asociado con la industria turística— un exceso de reservas de plazas disponibles. De forma parecida, ahora es corriente el uso de la palabra *light* como un adjetivo, que se coloca detrás del nombre para expresar una mínima condición, como es *coca-cola light* (por el término norteamericano *diet coke*). El uso de la palabra *parking*, para describir un sitio donde se aparca un coche, tampoco es correcto. En Gran Bretaña se usa la palabra *car park* y en los Estados Unidos el término *parking lot*. Aún peor es el uso de la palabra *footing*, que jamás ha existido en inglés. La palabra deriva claramente de *foot* (como en *football*) y describe una actividad conocida como *jogging* en el mundo de habla inglesa.

¿Por qué hoy día está de moda emplear palabras inglesas en todas partes y dar nombres ingleses a empresas y productos? Puede que se asocie el uso de palabras inglesas con modernidad y sofisticación. Tanto en la calle como en la prensa, la gente y los periodistas utilizan palabras y frases inglesas para dar a entender que están familiarizados con el idioma. Sin embargo, cuando usan palabras o frases inglesas incorrectamente o palabras que no existen en inglés, el público poco habituado al inglés recibe información engañosa. Hay que recordar que la mayoría de la población prácticamente desconoce el idioma. Este uso extendido de un seudo-inglés corrompe el español y el catalán y a su vez deshonra la lengua inglesa *[317 palabras]*.

Reformulación del docente

El seudo-inglés está de moda
 ¿Cuántas veces has dicho que había *overbooking* en una fiesta?, ¿no has podido encontrar *parking*?, ¿te gusta beber coca-cola *light*?, ¿haces más *footing* después de Navidad? Seguro que estás familiarizado con estas palabras, aunque ninguna esté usada de modo correcto.
 Overbooking sólo significa un exceso de reservas en la industria turística. Se usa *light* para expresar una mínima condición, como *coca-cola light*, en vez del término norteamericano *diet coke*. Tampoco es correcto *parking*: en Gran Bretaña se usa *car park* y en Estados Unidos, *parking lot*. Peor resulta *footing*, derivada de *foot* (como en *football*), que jamás ha existido en inglés, donde se habla de *jogging*.
 Está de moda emplear palabras inglesas y poner nombres ingleses a empresas y productos. ¿Por qué? Quizás aporte toques de modernidad y sofisticación. O da a entender que quienes las usan saben inglés, ¡y queda muy bien! Es posible. Sin embargo, usando expresiones de este tipo estamos haciendo un flaco favor a la comunidad: engañamos a los que no saben inglés —la gran mayoría— y difundimos términos que no existen en inglés. En definitiva corrompemos el español y el catalán y deshonramos el inglés *[194 palabras]*.

La reformulación del docente reduce drásticamente el original, que pierde 123 palabras, diciendo lo mismo. El tono es más directo y fuerte, con lo que adquiere más interés. Utiliza frases y párrafos más cortos, con más preguntas, exclamaciones y comentarios entre guiones.

Comparando las dos columnas, el estudiante puede fijarse tanto en el resultado conseguido como en la transformación efectuada. El comentario en clase puede seguir el mismo protocolo: primero habla el aprendiz autor del original sobre su texto y sobre la transformación, después el resto de aprendices y, al final, el docente. Éste puede explicar por qué eligió este original para reformular y qué pasos siguió para hacerlo.

Esta variante tiene otro interés: invierte los roles de clase y deja que sean los aprendices los que por una vez juzguen el escrito del docente, que debe «desnudarse» (mostrar sus habilidades, sus trucos) ante la clase.

3.4. Análisis de conversaciones

La fase más interesante del taller corresponde al comentario oral, en el que autores, lectores, colectores y coautores ponen en común sus puntos de vista. Me interesó estudiar con detalle qué es lo que ocurría ahí y para ello grabé algunas sesiones, además de entrevistar a los participantes. También ofrecían datos relevantes al respecto los informes finales de algunos talleristas, que incluían valoraciones de la experiencia.

En este último capítulo me centraré en analizar las funciones con que los aprendices utilizaban el habla en el comentario oral, con ejemplos sacados de esta documentación. Las transcripciones orales respetan las repeticiones y las vacilaciones de sus autores, aunque hayan sido traducidas del catalán (la cursiva es mía).

Dialogar con un colector

Uno de los aspectos destacados es la utilidad de la *colectura en pareja* en la fase de construcción de interpretaciones. Veamos cómo la valoran los estudiantes:

1. «[...] sí, que, sí, sí, yo lo que decía es eso, que que, precisamente, *cuando tú, tienes que explicar a otro las sensaciones que que te provoca aquel texto es cuando realmente, como que se estructura en tu cerebro*, porque si no lo explicas, pues no lo sabes muy bien, *es como que explicándolo, eh, eh, se te aclaren los pensamientos porque precisamente los estás expresando en voz alta.*» (Grabación de entrevista DE1.)

2. «[...] sí, sí que me servía porque a veces tienes una idea y la otra [colectora] te la corroboraba también, *te sentías más seguro*, como corrector, entre comillas, o al revés: quizás tenías una cosa muy clara y la otra te hacía ver que también era correcta.» (Grabación de entrevista DE2.)

3. «[...] *Y eso por ejemplo de leer con alguien es algo que pocas veces se hace. Generalmente todo el mundo lee solo.* Y me parece muy constructivo el poder leer, el poder compartir con alguien, porque a veces la opinión del otro te hace ver un punto que no habías visto o te hace que que algo que tú pensabas que era de una forma a lo mejor lo ves de otra y a lo mejor se va enriqueciendo. [...] Yo creo que naturalmente, humanamente, siempre empezábamos criticando lo malo, lo mejorable (que eso también es algo que aprendí, que no hay cosas malas, sino mejorables), pero ya después diciendo las malas ya empiezan a salir las buenas. Generalmente, yo siempre empezaba criticando y ya después no.» (Grabación oral RC1.)

4. «[...] *cuando antes de hablar, leíamos así como muy rápido y cada uno marcaba las cosas más o menos positivas y las que no te gustaban tanto y luego co-*

mentábamos. [...] lo que me he encontrado es que había un criterio bastante unificado en cuanto a las cosas que de un texto considerabas que eran positivas y que eran negativas. En todo caso te olvidabas de comentar alguna cosa. Pero a medida que iban saliendo yo creo que era un criterio bastante uniforme. [...] [Las diferencias eran...] más a nivel de contenido, yo creo [...] *Supongo que éramos lectores diferentes. Al que era de esa materia* [que dominaba el tema] *le faltaba información técnica y al que era no era de esa materia pues quizás le parecía bien o suficiente.*» (Grabación oral RC2.)

El primer fragmento formula con bastante precisión la función epistémica que desarrolla el habla con colector: al tener que explicar *in situ* y cara a cara las sensaciones evanescentes o las intuiciones fugaces que sugiere la lectura de un escrito, éstas se formulan verbalmente y se convierten en ideas más robustas y socializables, que pueden ser recordadas con más facilidad por el propio enunciador, comprendidas por otros o incluso matizadas o rebatidas. Además, parece que el hecho de dar corporeidad verbal a una sensación o intuición contribuye a elaborarla o a desarrollarla. Sin el contexto restringido de diálogo que ofrece la colectura, con su «intimidad» y «calidez», las opiniones personales tendrían menos posibilidades de crecer.

El segundo y el tercer fragmento mencionan otras funciones del intercambio entre colegas: el colector corrobora o rebate la idea propia, de modo que la interpretación resultante, mediatizada y compartida, gana consistencia y ambos colectores incrementan su seguridad y confianza. El tercer y el cuarto fragmento se refieren al proceso que siguen las parejas para coleer: primero procesan el texto de modo individual, hacen algunas anotaciones y después dialogan. Destaca la autoconciencia de los aprendices sobre el carácter positivo o negativo de los comentarios y sobre las diversas perspectivas que adopta cada uno.

Así, los aprendices destacan las funciones de construcción de opiniones, incremento de seguridad y enriquecimiento personal, aunque puedan constatar las diferencias que hay entre los colectores.

Presentarse como autor

En la *autopresentación*, los estudiantes destacan estos puntos:

1. «Por un lado, *nos permite expresar las dificultades —no siempre palpables— con que nos hemos encontrado en el proceso de elaboración de nuestro texto*. Por el otro, nos ofrece la posibilidad de *defender públicamente nuestra toma de decisiones* a lo largo del proceso.» (Valoración escrita DE3.)

Así, los autores utilizan el turno para explicar aquellos aspectos de la elaboración del texto que no han dejado rastros en el producto final. También justifican algunas de las decisiones tomadas que el autor prevé que pueden ser criticadas o explican las sensaciones personales.

Dos autores explican aquí cómo compusieron el comunicado de prensa del caso de «Las galletas envenenadas», que analizamos en el apartado 3.1.

2. «¿El mío? Bueno, *puse puntos positivos... puntos positivos y puntos negativos: qué es lo que a mí me interesaba destacar y qué es lo que yo quería esconder. Y en función de lo que quería destacar, pues he ido poniéndolo en orden. E iba quitando importancia a las cosas que a mí no...* sin esconderlas... porque tampoco se puede esconder... pero lo que... lo que no era relevante... pues que una niña se ha intoxicado o no...

pues esto no hace falta dar publicidad, porque es publicidad negativa... y esconder lo que no me interesaba.» (Grabación oral DE4.)

3. «Bueno, pues, por mi parte, pues, tuve un sistema muy diferente a la hora de enfrentarme al trabajo, este trabajo, porque en vez de plantearme una serie de objetivos desde el inicio, *lo que hice fue ponerme directamente en la piel de una persona que abría el periódico, que comenzaba a mirarse los titulares, uno detrás de otro, y que de golpe se encontraba a media página, un cuadrito allá pequeñito: comunicados de prensa. Pues, claro, desde este punto de vista, pensé: qué quiero, cuál es la reacción que yo querría que tuviera esta persona.* Por este motivo, entonces, primero, explicar más o menos de qué va la noticia para enganchar un poquito con el lector... para que no diga: "Ah, es propaganda y paso a la siguiente página", ni que se piense que lo que estoy haciendo es irme a la Plaça de les Glòries [cambiar de tema, salirse por la tangente]... o explicar cosas sin importancia. Luego, más tarde, empecé —¡un poco tarde!— a hablar realmente de lo que está pasando.» (Grabación oral DE5.)

Aunque no lo sugieran sus escritos, algunos autores adoptan enfoques radicalmente diferentes al enfrentarse a un mismo caso. El segundo fragmento presenta un proceso más concreto y centrado en las circunstancias, al detallar los datos que la autora quería mencionar y los que consideraba que debía callar (como la intoxicación de una niña) para obtener un determinado efecto. En cambio, el tercer fragmento se pierde en consideraciones generales sobre el lector, que le alejan del propósito fundamental. La forma de hablar o de referirse a los hechos del segundo (directa, escueta) y el tercer fragmento (tópica, redundante) también revela su estilo de pensamiento. Ambos autores se representaron la tarea de responder a la crisis de modo distinto y sus textos reflejan estas concepciones.

Por otra parte, es tremendamente positivo el hecho de que el resto de estudiantes puedan descubrir las distintas formas de concebir la composición de un escrito, y que puedan relacionarlas con los productos resultantes. Al darse cuenta de los procesos de pensamiento que siguen otros autores, pueden aprender de ellos para futuras ocasiones.

Algunas intervenciones muestran el grado de conciencia que posee el autor sobre sus emociones y su texto o las vacilaciones que experimenta. En el siguiente fragmento también es interesante analizar la participación del docente, que construye andamiajes o apoyos conversacionales para expandir el discurso del aprendiz (en el recuadro siguiente se reproduce el escrito de la estudiante: un comunicado de prensa para informar de una jornada de puertas abiertas en la UPF [Universidad Pompeu Fabra]):

Jornadas de puertas abiertas en la UPF

El nuevo rectorado ha organizado unas jornadas en que el público podrá visitar las dependencias de los cuatro campus de la universidad: Rambles, Jaume I, Estació de França y Área del Mar.

Se trata de unas visitas guiadas por el personal administrativo y docente de las diferentes carreras. Además de las bibliotecas, que siempre están a disposición de toda la ciudadanía, también se mostrarán las aulas propias de algunas asignaturas, como los estudios de grabación de periodismo, los laboratorios de biología o las aulas de interpretación, entre otros. Con motivo de este acontecimiento, también, se ha elaborado un vídeo informativo.

Con estas actividades el equipo pretende fomentar la imagen de la universitat, que a menudo se confunde con un organismo privado.

Horarios de visita: los días 17 y 18 de enero, de las 9 h a las 14 h, y de las 17 a las 20 h.

Barcelona, 10 de enero de 2002

4. DOCENTE: ¿Quién sigue?

DE6: Bien, de mi texto sólo quería decir que veo que efectivamente un párrafo que me pensaba que no estaba bien redactado, no lo está. Bueno, no es que esté mal redactado, *sino que... es que no... o sea, no se le ve qué función hace en un texto así, que es de...* «Con estas actividades, el equipo pretende fomentar...» Bueno. *Es que no sabía cómo había que decir que... introducir la información, decir que se quiere acercar la Universidad a los ciudadanos. Y... Pero... Estuve dándole muchas vueltas y no fui capaz de arreglarlo.* No lo sé. Y después, igual el segundo párrafo mío también es algo... demasiado largo y lo debería haber separado, por ejemplo, poner que por una parte las visitas... y por otra que se hará el vídeo este informativo. Pero... Creo que más o menos.

DOCENTE: ¿Tú estás contenta?

DE6: No mucho. No... Es que... Veo que lo he hecho, pero no acaba... no sé... no me acaba de convencer.

DOCENTE: ¿Ahora o cuando lo hiciste?

DE6: *No, no. Ya cuando lo había hecho. No lo entregué satisfecha... ¡Pero lo tenía que entregar!* No sé. Igual es que... También uno de los comentarios [se refiere a las anotaciones del docente] es que es una redacción poco periodística. Y sí... Quizá sea eso lo que no me acaba de sonar... *Es que no me sonaba natural y no me sigue... no me sigue sonando.* No le veía errores que pudiera decir: esto, podría ser, que no sé...

DOCENTE: Ayudadle a hablar [dirigiéndose a la clase].

DE6: Ah, bueno, sí, después tengo la incorrección de *carreras* que yo también hice como... (Grabación oral DE14.)

En el cuarto fragmento, la estudiante reconoce varios errores, que alguno de ellos ya lo presentía antes de entregar su trabajo («es que no me sonaba natural»), pero que no supo cómo mejorarlo («no le veía errores»). También muestra conciencia sobre su escaso grado de satisfacción con el escrito. Las preguntas cortas y directas del docente permiten a la alumna desarrollar su discurso; por ejemplo, puede distinguir la insatisfacción que sentía cuando escribió el texto de la que siente ahora que lo presenta en público; también encontramos imperativos («ayudadle a hablar») que buscan la cooperación de los compañeros.

El hecho de que autores y lectores reconozcan públicamente y con naturalidad los errores cometidos contribuye a crear una atmósfera positiva en el aula. Se desdramatizan las faltas y los errores. Puesto que en cualquier texto hay equivocaciones, limitaciones o puntos mejorables, el alumnado se da cuenta de la inoperancia del binomio «correcto/incorrecto» o «bueno/malo». Todo texto puede ser perfectible y no hay que ver los errores como hechos consumados. Así, los fallos pueden dejar de ser el demonio que fueron —por influencia de la psicología conductista— y los autores pueden también reducir su nivel de angustia o estrés, puesto que ya no es tan terrible que los otros descubran las faltas de uno.

Opinar en el debate

En el *debate* abierto, los aprendices destacan el poder de aprendizaje que genera la comparación de varios textos:

1. «Es también sorprendente ver cómo, *cuando estás en casa, ante el ordenador, parece que sólo haya aquella manera de hacer el texto*, parece que todo el mundo tenga que pensar del mismo modo que tú, y por mucho que pienses en maneras alternativas, no se te ocurre ninguna; entonces, es en clase cuando dices: "Hombre, ¡está claro!". ¡Cómo no había caído antes! *Te das un golpe en la frente, aprietas los dientes y*

admiras el texto que han hecho los otros y que, sorprendentemente, no tiene nada que ver con el tuyo.» (Valoración escrita DE5.)

2. «El hecho de que haya una serie de personas que no se han concentrado en la elaboración de un texto sino que sólo lo juzguen desde el otro "lado del escenario" *permite ver que uno ha cometido errores, que no todo el mundo percibe una determinada palabra del mismo modo, que el mismo texto produce sensaciones muy diferentes y que, incluso, se hace una interpretación alejada e inesperada por parte del autor/a.»* (Valoración escrita DE4.)

El primer fragmento destaca la utilidad de comparar varios textos o de que varios autores por separado resuelvan el mismo caso, para que puedan contrastarse sus respuestas. La comparación entre textos paralelos transmite al grupo la idea de que existen infinitas posibilidades para cada situación y que es absurdo o ineficaz evaluar de modo absoluto los textos, porque siempre hay matices y aspectos positivos y mejorables. Resulta fundamental ver la producción de textos como una actividad divergente, creativa, cargada de posibilidades, y no tanto como un ejercicio cerrado, convergente, de respuesta única.

El segundo fragmento destaca el interés de que los alumnos asuman funciones diferentes para poder interpretar el texto desde perspectivas complementarias. Uno puede ser un lector mucho más fino, profundo y limpio si no ha participado como coautor en el proceso de elaboración del escrito. Por este motivo resulta tan importante repartir los roles de autor, lector, colector y coautor a lo largo del taller, en momentos diferentes.

Valoraciones

Veamos para terminar algunos comentarios finales de los talleristas:

- «Mi valoración personal de la metodología es [...] positiva en el sentido de que el hecho de responsabilizarnos de una práctica que todos analizarán y sobre la cual todos podrán opinar obliga a entregar un ejercicio trabajado y revisado.» (23 de febrero de 2000.)
- [...] el hecho de poder argumentar la toma de decisiones que hay detrás de cualquier texto al conjunto de la clase ayuda a hacer frente a los obstáculos y las dudas que han quedado implícitos en la primera versión. [...] Creo que las críticas que suscitó mi versión se formularon en todo momento con un afán constructivo y desde una voluntad de mejora del texto.» (15 de marzo de 2000.)
- «Creo que la técnica que seguimos en clase es muy efectiva, ya que los compañeros pueden comentar tu texto desde otros puntos de vista, nada condicionados por su proceso de creación. Así, sus valoraciones te ayudan a adoptar una nueva perspectiva respecto a tu texto y a valorar aspectos que quizá no habías tenido en cuenta hasta entonces, porque sólo alejándote del texto e intentando olvidar "el orgullo de autor" podemos llegar a ver los aspectos que son mejorables.» (3 de abril de 2001.)

Pero este taller también presenta algunas dificultades. Al principio, algunos alumnos —los más callados o tímidos— pueden sentirse atemorizados ante una metodología tan diferente a su experiencia previa. Algún aprendiz-autor dijo sentirse «desnudo» ante sus compañeros e incluso haber estado «angustiado» en los días previos a la sesión en la que debía presentar su texto en público. Algunos lectores también se sentían «obligados» a hablar de escritos que no les gustaban, cuando hubieran preferido escabullirse, si bien aceptaron «libremente» el contrato ético inicial.

Para el profesor, cada escrito es nuevo, cada juicio de un caso es imprevisible y cada clase es una sorpresa —¡qué interesante!—. Es también una caja negra lo que sucederá con el intercambio oral: las reacciones de cada aprendiz y la discusión entre ellos. Hay muy poco tiempo para preparar la clase y calcular las posibles interpretaciones (unas pocas horas). Como sugirió una colega argentina que visitó uno de mis talleres: «Vos trabajás sin red».

Quizá la contrapartida de estos riesgos sea la satisfacción que genera el taller. Es apasionante ver cómo la sorpresa y la inquietud iniciales dejan paso al diálogo más tranquilo, a las risas y a la intensidad; cómo los estudiantes se acomodan a la mecánica; cómo autores y lectores encuentran sus espacios y cómo el debate fluye con viveza, pasión y diversión. Si los casos son originales, auténticos y despiertan interés, el taller se anima. El debate muestra desacuerdos, razones contrapuestas, desencuentros, coincidencias. Y la clase pasa fugazmente. Aprendiendo.

ANEXO 1[1]
ARTÍCULO CIENTÍFICO SOBRE ODONTOLOGÍA[2]

OdontoRed   Junio, 2001

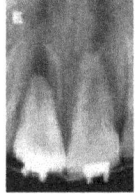

Tratamiento inmediato de las luxaciones dentarias

RESUMEN

El diagnóstico, tratamiento y pronóstico de los traumatismos bucales es aún un problema complejo para la profesión odontológica. El empirismo fue hasta hace poco un pobre conductor en el manejo de estas lesiones, se impone en la actualidad tener conocimientos especializados para atender al paciente accidentado. El objetivo de este trabajo fue conocer cuales eran las lesiones traumáticas más frecuentes en el grupo etario más susceptible de sufrir accidentes graves (12 a 30 años).

El estudio se realizó en 100 pacientes (62% sexo masculino, 38% sexo femenino). Las luxaciones dentarias abarcaron el 60% de las lesiones. A partir del objetivo propuesto se implementó la enseñanza de técnicas eficaces

---

1. Reproduzco los tres siguientes documentos en su grafía original, adaptando el formato al presente libro.
2. Publicado en primer lugar en *Odontored* (<http://www.odontored.cl/arluxaci.htm>) y posteriormente en *Salud & Sociedad*, revista electrónica de divulgación (<http://www.salud.bioetica.org/acc1.htm>).

que permiten la reubicación inmediata de las piezas luxadas.

ABSTRACT

The diagnosis, management and prognosis of oral traumatic injuries is yet a complex set of problems for the dental practitioner. For many years empiricism has been the guiding in the management of traumatic injuries, is necessary in this moment to have special knowledge for attend the accident patient. The purpose of this study was to evaluate the traumatic lesions more frequent in the populations exposed to suffer dangerous accidents (12 to 30 years old.)

This study comprised 100 patients (62% male, 38% female). The dental luxation were the 60% of the injuries. The teach of special techniques are necessary to the immediate reposition of the luxated teeth in correct position.

Introducción

Las luxaciones constituyen las lesiones traumáticas más severas que afectan a las piezas dentarias. Se producen como consecuencia de impactos de diferente intensidad y dirección, que desplazan al diente en mayor o menor grado de su posición normal.

Por este motivo las luxaciones se clasifican en: CONCUSION - SUBLUXACION - LUXACION EXTRUSIVA - EXTRUSION PALATINIZADA - INTRUSION - AVULSION; ésta última es la exarticulación completa del diente fuera de la cavidad oral y se la considera la EMERGENCIA TRAUMATOLOGICA.[1,2,3,4,5]

Las luxaciones provocan un severo daño en las piezas dentarias, en los tejidos vecinos y los de soporte, en la mayoría de los casos la luxación va acompañada de fractura de alvéolo, de tabla ósea vestibular y en situaciones más serias se produce la fractura de la apófisis alveolar. El hematoma que circunda la lesión es un signo clínico evidente de fractura ósea.[6,7]

Dada la gravedad de estas injurias se hace necesario conocer las técnicas adecuadas que permitan reposicionar los dientes en su lugar.

Las luxaciones palatinizadas traban la oclusión normal del paciente, impiden una apertura normal de la boca, por dolor reflejo en la articulación temporomandibular, y es por esto que pueden dificultar la atención inmediata del accidentado, impidiendo una rápida intubación endotraqueal.

Con una maniobra simple, sin necesidad de administrar anestesia, se consigue reposicionar la pieza luxada, se realiza presión por apical en vestibular a la altura del ápice y tracción por palatino en la parte coronaria; de esta forma se destraba el ápice dentario que está desplazado e incrustado en la línea de fractura, así se reubica el diente luxado y se reduce la fractura, se puede hacer morder una gasa al paciente en oclusión normal, más adelante esto se complementa con una férula.[2]

En caso de exarticulación completa del diente (AVULSION), es necesario que todos los agentes de salud conozcan las maniobras del Reimplante.[1-3]

La pieza dentaria avulsionada se toma por la corona y sólo se lava la raíz (sin cepillar), lavado que se puede hacer con agua o con solución fisiológica, con suave presión digital se reinserta en el alvéolo, se hace morder una gasa y se completa el tratamiento con una férula, esta intervención

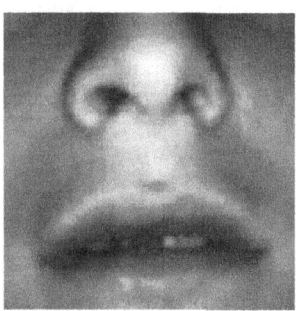 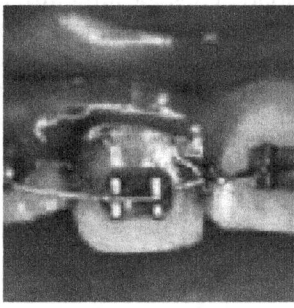

FIGURAS 1 y 2. 1) Varón de 14 años, concurrió a la consulta 4 horas después del accidente, jugando recibió un codazo.
2) Como consecuencia del golpe sufrió luxación palatinizada del incisivo central superior derecho y subluxación del incisivo lateral del mismo lado.

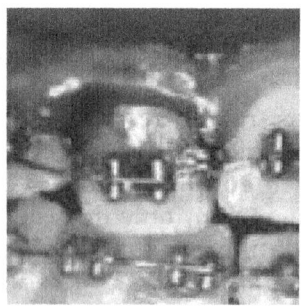 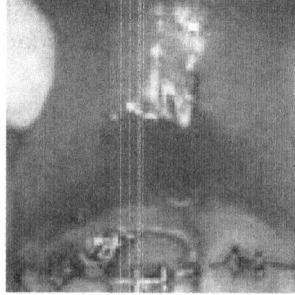

FIGURAS 3 y 4. 3) La luxación palatinizada le produjo grave traba de oclusión, el sangrado gingival oscuro indica severo daño periodontal. 4) En el examen clínico de los tejidos vecinos se observa un hematoma signo clínico de fractura de tabla ósea vestibular.

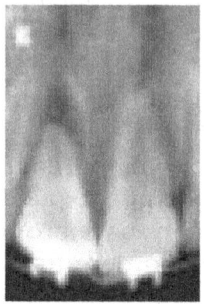 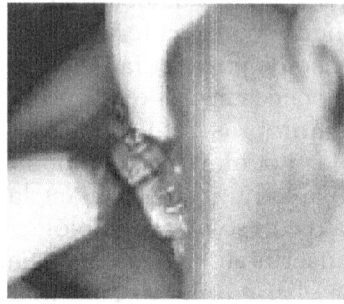

FIGURAS 5 y 6. 5) Radiografía preoperatoria donde se ve con claridad el desplazamiento de la pieza luxada. 6) Maniobra quirúrgica para reubicar la pieza luxada. Se ejerce presión apical por vestibular y tracción coronaria por palatino; fue necesario cortar el arco de ortodoncia para poder realizar la reducción.

también se realiza sin anestesia. En caso de no poder efectuar el reimplante se aconseja almacenar la pieza dentaria en leche; de no contar con ésta, se coloca en solución fisiológica. La leche es el mejor medio de almacenaje. [8, 9, 10]

Todos los estudios han demostrado que la rapidez en el Reimplante es el mejor tratamiento para el éxito y recuperación de la pieza dentaria avulsionada (los dientes reimplantados dentro de los 5 a 10' tiene un pronóstico de recuperación de un 85%). [11, 12, 13, 14, 15, 16, 17, 18, 19, 20, 21, 22]

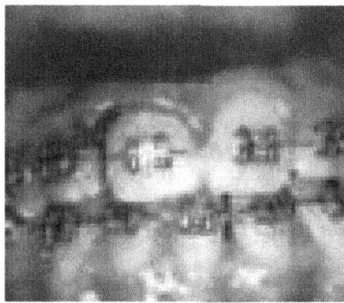 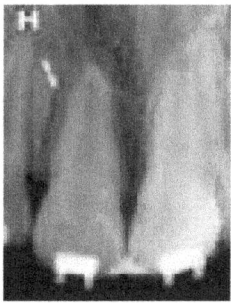

FIGURAS 7 y 8. 7) Reducción realizada, el paciente ocluye en forma normal, se le realizó una férula con alambre de ligadura con anclaje en los braquets. La férula abarcó de canino a canino y se completó con un botón de composite entre ambos incisivos. 8) Radiografía postoperatoria inmediata a la reducción. La fractura de la tabla ósea vestibular se observa como una línea radiolúcida y es paralela a la cara distal de la raíz (flecha).

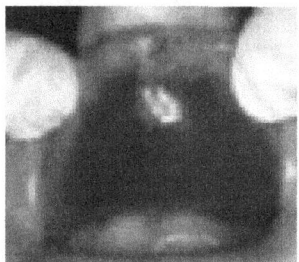 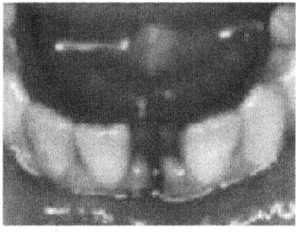

FIGURAS 9 y 10. 9) Hematoma tres días después. 10) Joven de 23 años, concurrió a la consulta 6 horas después del accidente, como consecuencia de un puñetazo avulsionó el incisivo central inferior izquierdo.

Materiales y métodos

Para realizar un estudio sistematizado del problema se analizó una población de 100 pacientes de todas las clases sociales, con edades que oscilaron entre 12 a 30 años y que habían sufrido diferentes tipos de accidentes, ellos fueron remitidos al consultorio del autor. El estudio abarcó un período de hasta 10 años.

A todos se le confeccionó una Ficha Especial para Traumatismos, donde se volcaron los siguientes datos: Fe-

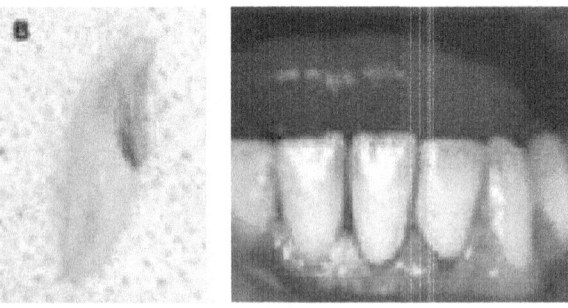

FIGURAS 11 y 12. 11) Incisivo avulsionado (fue conservado en agua durante las 6 hs.) - caso atípico de incisivo inferior con dos raíces. 12) Incisivo reimplantado.

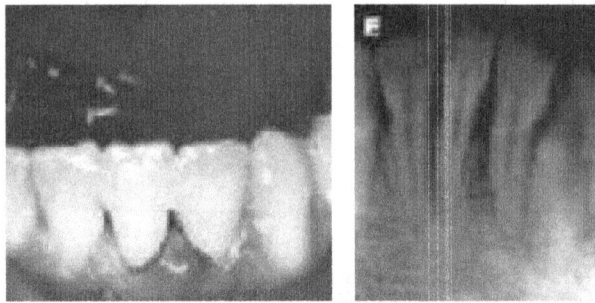

FIGURAS 13 y 14. 13) Férula de composite que abarcó los dientes vecinos. 14) Radiografía postoperatoria inmediata al reimplante.

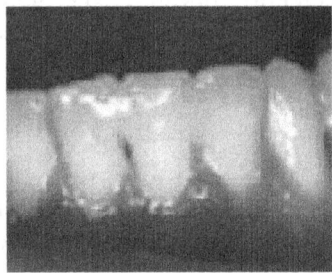

FIGURA 15. Una semana después aún se observa leve inflamación gingival.

cha del accidente - Fecha de la consulta - Edad - Sexo - Causa del accidente - Lugar donde se produjo - Lesión traumática resultante - Pieza dentaria afectada - Atención o no previa a la consulta - Tratamiento implementado (en

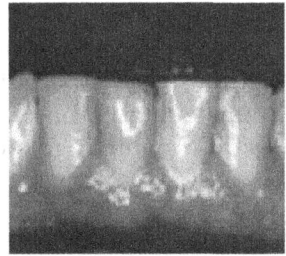 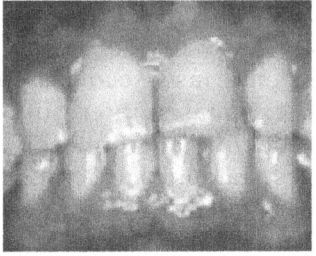

Figuras 16 y 17. Fotografías tomadas 10 años después, normalidad.

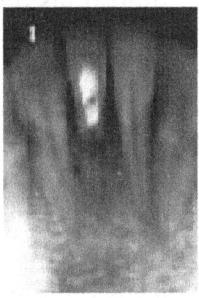

Figura 18. Radiografía de control 10 años más tarde, se observa reabsorción completa en la raíz lingual y normalidad en la raíz vestibular.

caso de haber concurrido a otro lugar)- Historia de traumatismos previos.

Los pacientes recibieron la atención inmediata al momento de la consulta (reubicación de la o las piezas dentarias luxadas, confección de la férula adecuada, radiografías pre y postoperatoria y tratamiento sistémico con antibióticos durante una semana a 10 días, y vacuna antitetánica en caso de no estar cubierto el paciente previamente) y el tratamiento mediato (tratamiento de conducto con Hidróxido de Calcio para evitar las reabsorciones radiculares) y un seguimiento clínico y radiográfico para evitar las secuelas postraumáticas; los períodos de control variaron de 1 a 10 años, de esta forma se evaluaron los resultados a distancia.

Resultados

El dato importante que se obtuvo fue la cantidad de lugares recorridos por los pacientes sin recibir atención o recibir una atención inadecuada. Esto demostró la cantidad de horas y días perdidos por los mismos sin el tratamiento correcto, el resultado es un alto porcentaje de pérdida de piezas dentarias y secuelas postraumáticas de por vida. [1].

El sexo masculino resultó el más afectado. Las causas más frecuentes fueron: accidentes de tránsito, agresiones, deportes, caídas, accidentes laborales, las mismas varían de acuerdo al grupo etario estudiado.

Dentro de las lesiones dentarias las luxaciones son los traumatismos de mayor incidencia. Un 62% de las lesiones afectaron al sexo masculino y un 38% al sexo femenino.

Las piezas dentarias más afectadas fueron las del sector anterior del maxilar superior, incisivos centrales y laterales (93%), el resto afectó a los incisivos inferiores (7%).

Discusión

Las luxaciones son lesiones traumáticas graves que necesitan de una atención urgente y eficaz, esto evita las secuelas postraumáticas y la pérdida de piezas dentarias involucradas con el consiguiente costo biológico, funcional, estético, psicológico y económico para el paciente.[2]

El presente estudio demuestra la necesidad de establecer guías de atención en el tratamiento de las Luxaciones, porque cuando no son atendidas en forma rápida y eficaz se convierten en patologías irreversibles que conducen a la pérdida de los dientes afectados. [15, 16]

Respecto a la AVULSION, la recuperación del diente avulsionado es un proceso complejo, donde la rapidez en el reimplante es el factor más importante en el éxito del tratamiento. [11, 12, 13, 14, 15, 18, 21, 23]

Para que esto suceda se debe instruir a los profesionales de la salud, y realizar campañas informativas a la comunidad para que todos sepan como actuar frente a un diente avulsionado.

Otro tópico importante es realizar Prevención Primaria, el odontólogo juega un papel importante, ya que nuestra profesión debe detectar los pacientes denominados «de riesgo».

Los pacientes incluidos en esta categoría son los que practican deportes de contacto (Rugby, Hockey), a ellos les

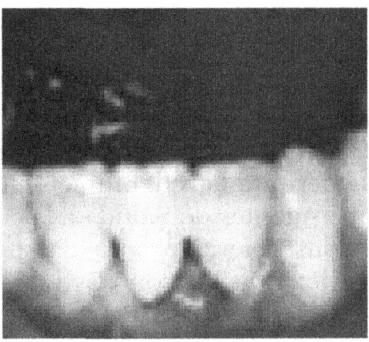

FIGURA 19. Mujer de 25 años, concurrió a la consulta una semana después del accidente. Como consecuencia de una violenta colisión entre colectivos sufrió la avulsión de 6 piezas dentarias superiores del lado izquierdo: incisivos central y lateral, canino, primer y segundo premolar, primer molar; fractura coronaria del incisivo central superior derecho; avulsión del incisivo inferior lateral izquierdo, fractura coronaria del canino inferior izquierdo y subluxación de los incisivos inferiores derechos. Lesiones graves en el labio. Recibió atención inmediata pero no correcta lo que significó que quedara con secuelas postraumáticas de por vida.

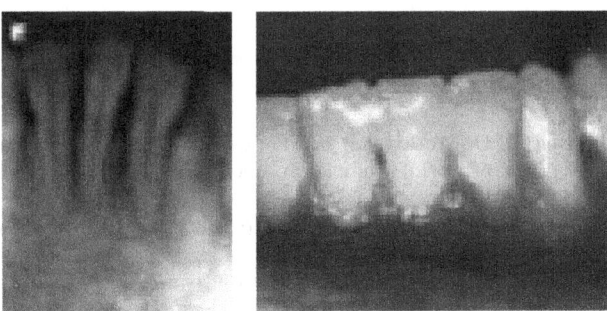

FIGURAS 20 y 21. Fotografías de frente y perfil, se observa hundimiento del lado izquierdo de la cara por la pérdida de las piezas dentarias y pérdida de sustancia e inadecuada sutura del labio inferior que afectaron la función y la estética del mismo.

debemos informar de la necesidad del uso obligatorio del Protector Bucal Individual (confeccionado por el odontólogo). También incluimos en pacientes «de riesgo» a los que por sus características anatómicas son más vulnerables de sufrir accidentes. Sujetos con marcada protrusión maxilar están expuestos a sufrir lesiones 5 veces más graves que los que tienen oclusión normal. Será necesario hacer la derivación correspondiente (Otorrinolaringólogo, ortodoncista y fonoaudiólogo), establecer un trabajo interdisciplinario que permita la rehabilitación del paciente.

Educar como «Agentes de Salud» a la comunidad para evitar consecuencias severas producidas por los Accidentes, la mayoría de los mismos son «Evitables». [3]

Conclusión

Por lo antes expuesto se concluye: las Luxaciones son lesiones graves, los agentes de salud deben estar preparados para atenderlas y se debe capacitar a los profesionales que integran los Servicios de Emergencia.

El Accidente es una nueva patología de este siglo, que requiere la idoneidad de profesional. La Accidentología debe ser multi e interdisciplinaria, ya que el accidentado presenta simultaneidad de lesiones en diversos órganos con diferentes niveles de complejidad.

Bibliografía

1. Andreasen, J. O.; Andreasen F. M. Lesiones dentarias traumáticas. Buenos Aires, Editorial Médica Panamericana, 1999. (Cap. 5, 6, 7 y 8, p. 77 - 113).
2. Blanco, Lucía P. de. Avulsión y reimplante dentario. Rev. Asoc. Argent. Niños. 1991; 20:11-22.
3. Blanco, Lucía P. de. Accidentes y traumatismos bucales. Buenos Aires, Ministerio de Salud y Acción Social de la Nación, 1996.
4. Blanco, Lucía P. de. Avulsión y reimplante dentario. Parte 2. Bol. Inf. IADT. 1998; 2(4):6-8.
5. Blanco, Lucía P. de. Avulsión y reimplante dentario. Parte 3. Bol. Inf. IADT. 1999; 3(1):8-11.
6. Crona Larsson, G.; Noren, J. G. Luxation injuries to permanent teeth: a retrospective study of etiological factors. Endod. Dent. Traumatol 1989; 5(4):176-179.
7. Andreasen, J. O.; Andreasen, F. M. Textbook and color atlas of traumatic injuries to the teeth. Copenhagen, Munksgaard, 1994. p. 383-425.
8. Hiltz, J.; Trope, M. Vitality of human fibroblasts in milk, Hanks ba-

lanced salt solution and Viaspan storage media. Endod. Dent. Traumatol. 1991; 7(2):69-72.
9. Patel, S.; Dumsha, T. C.; Sydiskis, R. J. Determining periodontal ligament 9PDL) cell vitality from exarticulated teeth stored in saline or milk using fluorescein diacetate. Int. Endod. J. 1994; 27(1):1-5.
10. Layug, M. L.; Barret, E. J.; Kenny, D. J. Interin storage of avulsed permanent teeth. J. Can. Dent. Assoc. 64(5):357-63; 365-369.
11. Andreasen, J. O.; Borum, M.; Jacobsen, H. L.; Andreasen, F. M. Replantation of 400 avulsed permanent incisors. 1- Diagnosis of healing complications. Endod. Dent. Traumatol. 199; 11(2):51-58.
12. Andreasen, J. O.; Borum, M.; Jacobsen, H. L.; Andreasen, F. M. Replantation of 400 avulsed permanent incisors. 2- Factors related to pulp healing. Endod. Dent. Traumatol. 1995; 11(2):59-68.
13. Andreasen, J. O.; Borum, M.; Jacobsen, H. L.; Andreasen, F. M. Replantation of 400 avulsed permanent incisors. 3- Factors related to root growth. Endod. Dent. Traumatol. 1995; 11(2):69-75.
14. Andreasen, J. O.; Borum, M.; Jacobsen, H. L.; Andreasen, F. M. Replantation of 400 avulsed permanent incisors. 4- Factors related to periodontal ligament healing. Endod. Dent. Traumatol. 1995; 11(2):76-89.
15. Trope, M. Protocol for treating the avulsed tooth. J. Calif. Dent. Assoc. 1996; 24(3):43-49.
16. American Association of Endodontists. Recommended guidelines for the treatment of the avulsed tooth. Chicago, AAE, 1994.
17. Hamilton, F. A.; Hill, F. J.; Mackie, I. C. Investigation of lay knowledge of the management of avulsed permanent incisors. Endod. Dent. Traumatol. 1997; 13(1):19-23.
18. Barret, E. J.; Keny, D. J. Avulsed permanent teeth: a review of the literature and treatment guidelines. Endod. Dent. Traumatol. 1997; 13:153-163.
19. Sae Lim, V.; Chulaluk, K.; Lim, L. P. Patient and parental awareness of the importance of immediate management of traumatized teeth. Endod. Dent. Traumatol. 1999; 15(1):37-41.
20. Stokes, A. N.; Anderson, H. K.; Cowan, T. M. Lay and professional knowledge of methods for emergency management of avulsed teeth. Endod. Dent. Traumatol. 1992; 8(4):160-162.
21. Andersson, L. ; Bodin, I. Avulsed human teeth replanted within 15 minutes, a long term clinical follow-up study. Endod. Dent. Traumatol. 1990; 6(1):37-42.
22. Mackie, I. C.; Worthington, H. V. An investigation of replantation of traumatically avulsed permanent incisors teeth. Br. Dent. J. 1992; 172(1):17-20.
23. Oikarinen, K. Dental tissues involved in exarticulation, root resorption and factors influencing prognosis in relation to replanted teeth. A review. Proc. Finn. Dent. Soc. 1993; (1-2):19-24.

Dra. Lucía P. de Blanco
Marcelo T. de Alvear 1277, Piso 2° Dpto. 32
1058 Buenos Aires, Argentina.   lblanco@ciudad.com.ar

ANEXO 2
SENTENCIA JUDICIAL

**JUZGADO DE 1ª INSTANCIA
NÚMERO VEINTISIETE
BARCELONA**

Ref.: Ordinario 108/02-1ª-B

Demandante: Enrique B. V.   **Procurador**: Sr. F.

Demandado: José Mª M. L.   **Procurador**: Sr. C.

SENTENCIA Nº

En Barcelona, a once de diciembre de dos mil dos.

Vistos por Dª Yolanda A. C., Magistrado-Juez del Juzgado de Primera Instancia nº veintisiete de Barcelona, los presentes autos de juicio declarativo ordinario nº 108/02-1ª-B, sobre tutela civil del derecho al honor, seguidos entre partes, de una y como demandante, D. Enrique B. V., representado por el Procurador Sr. Fernández A. y asistido del Letrado V. F., de otra y como demandado, D. José Mª M. L., representado por el Procurador Sr. C. G. y asistido del Letrado Sr. F. C., siendo parte el Ministerio Fiscal, pronuncio, EN NOMBRE DE S. M. EL REY, la siguiente sentencia:

ANTECEDENTES DEL HECHO

PRIMERO. Que por el Procurador Sr. F. A. se promovió demanda que tuvo entrada en este Juzgado turnada por reparto el 8 de febrero de 2002 en la que, tras exponer los hechos en los que basaba la misma y citar los fundamentos de derecho que estimó aplicables, terminó suplicando se dicte Sentencia en la que se declare que las palabras y expresiones proferidas por el demandado Sr. José Mª M. en el programa «L'entorn» emitido el día 24 de diciembre 2001 por el Canal 33 de Televisión de Cataluña transcritas en el hecho tercero de la demanda, constituyen intromisión ilegítima en el honor del demandante, y se establezcan como medida de resarcimiento del daño causado, la condena a publicar, a costa del demandado, la sentencia en un diario de gran circulación a elección del demandante y a difundir o expresar en una intervención en el propio programa «L'entorn» u otro de contenido, alcance y audiencia similares, caso de no emitirse ya dicho programa, la retractación de sus declaraciones o el fallo de la Sentencia, y a pagar al actor la cantidad simbólica de un Euro en concepto de daños morales, todo ello con expresa imposición de costas al demandado.

SEGUNDO. Por Auto de 27 de febrero de 2002, tras cumplir el previo requerimiento que se le efectuó, se tuvo por parte al Procurador Sr. F. A. en la representación indicada, admitiéndose a trámite la referida demanda, de la que se dio traslado a la parte demandada para que en el término de veinte días compareciera y contestara a la misma, haciéndolo y presentando escrito de contestación a la demanda, terminando suplicando, tras exponer los hechos y citar los fundamentos de derecho que estimó oportunos, se dicte Sentencia por la que desestimando la demanda, se absuelva al demandado de las peticiones de la demanda, con imposición de las costas a la parte actora, suplicando por su parte el Ministerio Fiscal se siga el procedimiento por sus trámites, se convoque audiencia previa y si no se llegara a acuerdo transaccional entre las partes, se señale vista pública a los efectos legales oportunos.

TERCERO. Convocadas las partes a la oportuna Audiencia Previa que previene al artículo 414 de la Ley de Enjuiciamiento Civil y que tuvo lugar el día 6 de junio de 2002, se ratificó la actora en la demanda, solicitando el recibimiento del pleito a prueba. Concedida la palabra a la parte demandada, se ratificó en su escrito de contestación, solicitando igualmente el recibimiento del pleito a prueba, sin que se impugnaran por las partes ninguno de los documentos aportados de contrario, concediéndose a las partes la posibilidad de proponer la prueba que considerasen procedente, haciéndolo así, proponiéndose por la parte actora prueba de interrogatorio del demandado y de reproducción de cinta videográfica, y por la parte demandada prueba de interrogatorio del actor, documental, y reproducción de cinta videográfica, mostrando el Ministerio Fiscal su adhesión a la prueba propuesta por las partes, la cual se admitió y declaró pertinente, señalándose día y hora para la celebración del juicio.

CUARTO. Que en fecha 10 de diciembre de 2002, tras una previa suspensión del anterior señalamiento por las razones obrantes en autos, tuvo lugar el juicio para la práctica de la prueba admitida a las partes, exponiendo tras ello las partes las conclusiones sobre los hechos, resumen de las pruebas practicadas y razonamientos jurídicos que apoyaran sus pretensiones, interesando el Ministerio Fiscal la desestimación de la demanda, quedando los autos sobre la mesa del Juzgador para dictar Sentencia.

QUINTO. En la tramitación de las presentes actuaciones se han observado las prescripciones legales.

FUNDAMENTOS DE DERECHO

PRIMERO. Que merced a la prueba practicada han quedado acreditados los siguientes hechos: que D. Enrique B. V., que entre otras labores profesionales desempeña el cargo de redactor jefe de deportes en el periódico La Vanguardia, y D. José Mª M. L. eran en el año 2001 contertulios en el Programa televisivo «El entorn» que se emitía en el Canal 33 de la Televisión de Cataluña, que tenía por objeto el desarrollo de un debate sobre el mundo deportivo, y en el que participaban, entre otros, los aquí litigantes, que por otra parte, y en la actualidad, siguen coparticipando en otros debates similares en diversos medios de comunicación, resultando que en la emisión de dicho programa de fecha 22 de octubre de 2001 se trató acerca del tema de la transparencia en las comisiones percibidas en los fichajes de jugadores por el Club de Fútbol Barcelona, preguntando el moderador al Sr. José Mª M. L. si había percibido comisiones por el fichaje del jugador Saviola, manifestando que así era porque en ese momento era agente de la FIFA, y que en ese concepto las había percibido, pero que nunca había cobrado cantidad alguna en dicho concepto como asesor del Club de Fútbol Barcelona, publicándose en el periódico La Vanguardia el día 27 de octubre de 2001 un artículo firmado por D. Enrique B. V. en el que hacía referencia a que el Sr. José Mª M. L. había estado presente como intermediario en los fichajes de Saviola y Geovanni, y que éste había participado en todas las reuniones técnicas del Barça para decidir las altas y las bajas en la plantilla actual, haciendo igualmente referencia a que había habido insinuaciones periodísticas que le suponían al demandado y al Vicepresidente del Fútbol Club Barcelona y al director general deportivo de esta entidad socios del Sr. José Mª M. L. en una empresa de tráfico de futbolistas, y, en este estado de la situación, tuvo lugar el día 24 de diciembre de 2001 la emisión del programa «L'entorn» en el que participaron los aquí litigantes, emitiéndose unas declaraciones de D. Joan G., presidente del Fútbol Club Barcelona, en las que manifestaba que S. José Mª M. L. nunca había cobrado cantidad de dinero alguna del Fútbol Club Barcelona, continuando el debate hablando de la cuestión de los intermediarios y de las transparencias de los fichajes, manifestando el Sr. José Mª M. L. que a él le habían dicho que el Sr. Enrique B. V., que estaba presente en la tertulia, cobraba del expresidente del Barça cada mes y desde hacía cuatro años, y que no se lo creía aunque a él se lo habían dicho, y que antes de ese momento ya se lo había comentado al Sr. Enrique B. V., añadiendo posteriormente que estaba seguro de que no era cierto y que lo decía sólo para demostrar que es muy fácil tirar porquería sobre alguien, y que él aguantaba pero que algún día tenía que saltar, interponiendo D. Enrique B. V. la demanda causa de esta litis por entender que la manifestación del demandado Sr. José Mª M. L., que actuó con un claro «animus infamandi», atenta gravemente contra su honor y prestigio profesional, no cumpliendo dicha información con el requisito de veracidad, amén de que tuvo un amplio nivel de difusión al hacerse en un programa televisivo, por lo que interesa que se declare que la actuación del demandado constituye una intromisión en el derecho al honor del demandante, que deberá ser indemnizado por daños morales en la cantidad de un Euro, amén de publicarse la Sentencia que recaiga en un diario de gran circulación a elección del demandante y a que el demandado exprese en el programa «L'entorn» u en otro similar, si aquél ya no se emitiera, la retractación de sus declaraciones o el fallo de la Sentencia, a lo que se opone la representación de D. José Mª M. L., ya que su manifestación se vertió como ejemplo de afirmación sin sustento, pues el actor le estaba difamando desde la emisión del programa de 20 de octubre de 2001 antes referido, y como defensa al ataque previo recibido, haciendo uso de su derecho a la libertad de expresión, y no del derecho a la libertad de información, sin que lesionara el derecho al honor del demandante, pues no le acusó de nada vejatorio, sino que dijo su opinión sobre un rumor que había en la calle, procediendo a examinar las alegaciones respectivamente formuladas por las partes, a la vista de la prueba practicada, a fin de concluir si procede o no dar curso a la demanda.

SEGUNDO. Que la cuestión que se plantea en este litis es la confrontación o tensión entre los derechos al honor y a la libertad de expresión consagrados respectivamente en los artículos 18-1º y 20-1º-º de la Constitución, habiendo puesto de manifiesto el Tribunal Constitucional en la Sentencia nº 204/97 de 25 de noviembre que «cuando del ejercicio de los derechos de libertad de expresión e información reconocidos en el artículo 20-1 de la Constitución resulten afectados otros derechos, el órgano jurisdiccional está obligado a realizar un juicio ponderativo de las circunstancias concurrentes en el caso concreto, con el fin de determinar si la conducta del agente está justificada por hallarse dentro del ámbito de las libertades de expresión e información, de suerte que si tal ponderación falta o resulta manifiestamente carente de fundamento, se ha de entender vulnerado el citado precepto constitucional» (y entre otras SSTC 14/86 y 51/89), habiendo diferenciado el TC la amplitud de ejercicio de los derechos reconocidos en el artículo 20 de la Constitución según se trate de libertad de expresión (en el sentido de emisión de juicio y opiniones) y libertad de información (en cuanto a la manifestación de hechos), disponiendo en relación a la primera de un campo de acción que viene delimitado por la ausencia de expresiones indudablemente injuriosas y que resulten innecesarias para la exposición de las mismas y que no contravengan otros valores constitucionales o derechos fundamentales, tales como la igualdad o la dignidad (STC 14/91), sin que los pensamientos, ideas, opiniones juicios de valor se presten, por su naturaleza abstracta, a una demostración de su exactitud, y ello hace que al que ejercita la libertad de expresión no le sea exigible la prueba de la verdad o diligencia en su averiguación y, por tanto, respecto de la libertad de expresión no opera el límite interno de veracidad (así, entre otras, STC 107/88), siendo claro que en el caso que nos ocupa nos encontramos en el ámbito del derecho de la libertad de expresión y que, por tanto, no le es exigible al demandado el requisito de la veracidad, pues, además, se trata de una manifestación vertida en el ámbito de un programa de debate en el que los diversos contertulios van a manifestar sus opiniones, sin que le sea exigible dentro de dicho ámbito el requisito de la veracidad en sus declaraciones, aunque también es doctrina reiterada del Tribunal Supremo plasmada en Sentencias de 31 de junio de 1992, 10 de junio de 1993 y 28 de marzo de 1996 que la libertad de expresión no comprende expresiones injuriosas o vejatorias, que el derecho de expresión e información no puede ser el vehículo intelectual de la difamación y de la lesión a la dignidad personal, y que la libertad de expresión deberá ejercitarse con la debida asepsia en las palabras o en los módulos de expresión utilizados, esto es, sin que en caso alguno se contengan alusiones que puedan ser injuriosas o vejatorias, mientras que, por otra parte, el TS en S. de 28 de octubre de 1996 también puso de manifiesto que para calificar de intromisiones ilegítimas en el honor de una persona determinada expresiones o frases a ella referidas, ésta han de ser examinadas dentro del contexto del lugar y ocasión en que fueron vertidas, ponderando las circunstancias concurrentes en cada caso concreto y las motivaciones determinantes de la utilización de las mismas (STS de 12 de diciembre de 1991), pues las palabras empleadas no pueden extraerse de su contexto y ser juzgadas independientemente del mismo, prescindiendo de esta forma de las circunstancias concurrentes que les han servido de antecedente, así como si se han llevado a cabo las manifestaciones en el curso de una intervención oral (STC 3/97 de 13 de enero), habiendo, por otra parte, dicho el Tribunal Constitucional en Sentencia 76/95 de 22 de mayo que «quienes voluntariamente se dedican a profesiones o actividades con una inherente notoriedad pública y actúan en el escenario, real o metafóricamente, bajo la potente cegadora luz de la publicidad constante, es claro que han de aceptar como contrapartida las opiniones aún adversas y las revelaciones de circunstancias de su profesión e incluso personales», lo que implica que su ámbito del honor se reduce, siempre que las opiniones o frases no revelen un ánimo vejatorio o difamatorio de manera que a la persona a la que afecten la hagan desmerecer en el público aprecio.

Que considera el demandante que la manifestación vertida por parte del Sr. José Mª M. L. en el programa «L'entorn» emitido por el Canal 33 de la Televisión de Cataluña el día 24 de diciembre de 2001 acerca de que le habían dicho que desde hacía cuatro años el Sr. Enrique B. V. Cobraba cada mes del expresidente del Barça, y que él no se lo creía, pero que se lo habían dicho, constituye una intromisión ilegítima de conformidad con el artículo 7, punto 7 de la Ley Orgánica 1/82 de 5 de mayo que establece que tendrán la consideración de intromisiones ilegítimas en el ámbito de protección delimitado por el artículo 2 de la Ley de divulgación de expresiones o hechos concernientes a una persona cuando la difame o la haga desmerecer en la consideración ajena, sin que de las pruebas practicadas en autos, a la vista de la doctrina jurisprudencial expuesta, pueda concluirse que la manifestación vertida por la parte del demandado Sr. José Mª M. L. en el programa «L'entorn» del Canal 33 de 24 de diciembre de 2001, merezca la calificación de intromisión ilegítima en el sentido que previene el artículo 7-7º de la LO 1/82 de 5 de mayo, pues, como ya se ha puesto de manifiesto, nos encontramos en el ámbito de la libertad de expresión y no de información, y por tanto no rige aquí la exigencia de la veracidad, con apoyo en la jurisprudencia antes mencionada. Pero es que, además, las declaraciones del Sr. José Mª M. L. deben de examinarse no como una frase aislada, sino en el marco de todos los acontecimientos previos al programa, así como en el desarrollo del mismo, pues de la prueba documental practicada, así como en el visionado de las cintas videográficas aportadas, se acredita que desde hacía un tiempo se trataba en el programa referido el tema del cobro de comisiones en relación a fichajes de jugadores por el Club de Fútbol Barcelona, y a esto también se refirió el Sr. Enrique B. V. En su artículo de la Vanguardia de 27 de octubre de 2001, y en el curso de la tertulia de 24 de diciembre de 2001, en la que se seguía hablando del tema, y en la que se emitieron unas declaraciones del presidente del Fútbol Club Barcelona en las que declaró que nada había percibido el Sr. José Mª M. L. como asesor del Barça fue cuando, al comentarse dichas declaraciones, el demandado puso de manifiesto la frase que según el actor a su honor ataca, y que no tiene, al parecer de quien resuelve, el carácter difamatorio que el actor considera, pues la misma se vierte en el curso de un programa en el que los tertulianos expresan sus manifestaciones de forma ágil y animada a fin de captar la atención de los televidentes, y ello conlleva que lo que en ellos se manifieste debe ser considerado como un conjunto de declaraciones de las que los espectadores van sacando sus conclusiones, sin que cada frase, como la que aquí considera el actor difamatoria, deba ser tenida con un fenómeno asilado, por lo que la intención de dañar o denigrar el honor del actor en este caso debe deducirse de la totalidad de la conversación y no de una expresión concreta, sin que se haya probado por parte del actor, sobre el que recaiga la carga de dicha prueba, que la manifestación del demandado tenga ese carácter injurioso, cuando, como ya se ha expuesto, la misma se vierte en el momento álgido del curso de un debate en el que se había aclarado el no cobro de comisiones por el demandado del Club de Futbol Barcelona, y del visionado de la cinta se desprende que el mismo, la manifestación presuntamente lesiva de su derecho al honor, la profiere como ejemplo, y así lo manifiesta, de lo fácil que es poder, en palabras del propio Sr. José Mª M. L. «tirar porquería sobre alguien», reiterando en varias ocasiones, una de ellas acto seguido de la manifestación vertida por el mismo, que él no se creía ese rumor, y que lo había dicho porque había aguantado mucho y algún día tenía que saltar, por lo que en modo alguno se ha probado que las manifestaciones del demandado tengan trascendencia para poder ser consideradas como atentatorias al honor del demandante y constitutivas de una intromisión ilegítima en su derecho al honor, máxime teniendo en cuenta que el mismo estuvo presente y podía defenderse, pues tenía a su disposición los mismos medios que el demandado y nada manifestó respecto a las declaraciones del Sr. José Mª M. L., sin que, por último, se haya acreditado que tuvieran trascendencia y repercusión las declaraciones del demandado, que no se prueba que excedieran del ámbito de dicho programa, en el que, de forma reiterada, se manifestó por el Sr. José M. L. en el interrogatorio que dio la frase con ánimo de ejemplo de afirmación sin sustento y de lo fácil que es decir algo sin pruebas y de lo que molesta, sin que se transmita como cierto ningún hecho, sino todo lo contrario, su creencia de que no es cierto el mismo, sin que tampoco el tono utilizado sea vejatorio o hiriente, por lo que ningún ánimo difamatorio, amén de no encontrar infracción alguna del derecho al honor del actor, cabe entender que concurra en la actuación del demandado, por lo que la conclusión de todos los razonamientos expuestos debe de ser la desestimación de la demanda origen del presente procedimiento.

TERCERO. Que respecto a las costas procesales, las mismas deben imponerse a la parte actora (art. 394 de la Ley de Enjuiciamiento Civil).

Vistos los artículos citados y demás de general y pertinente aplicación.

FALLO

Que, DESESTIMANDO la demanda promovida por el Procurador Sr. F. A. en nombre y representación de D. Enrique B. V. contra D. José Mª M. L. **DEBO ABSOLVER Y ABSUELVO** a D. José Mª M. L. de los pedimientos contra el mismo formulados, con imposición al actor de las costas procesales.

Frente a esta sentencia podrá interponerse recurso de apelación ante la Excma. Audiencia Provincial de Barcelona en el plazo de los cinco días siguientes a su notificación a las partes.

ANEXO 3
SENTENCIA JUDICIAL DE LA ALEGACIÓN DEL ASUNTO ANTERIOR

AUDIENCIA PROVINCIAL
DE
BARCELONA

SECCIÓN Undécima
ROLLO N° 253 / 2003
PROCEDIMIENTO ORDINARIO NÚM. 108 / 2002
JUZGADO PRIMERA INSTANCIA 27 BARCELONA

S E N T E N C I A N ú m.
Ilmos. Sres.
D. JOAQUIN O. L.
Dª CARMEN M. J.
D. FRANCISCO H.

En la ciudad de Barcelona, a dieciséis de junio de dos mil cuatro.

VISTOS, en grado de apelación, ante la Sección Undécima de esta Audiencia Provincial, los presentes autos de Procedimiento ordinario, número 108/2002 seguidos por el Juzgado Primera Instancia 27 Barcelona, a instancia de D/D. Enrique B. V., contra D/Dª. José Mª M. L. y el MINISTERIO FISCAL; los cuales penden ante esta Superioridad en virtud del recurso de apelación interpuesto por ENRIQUE B. V. contra la Sentencia dictada en los mismos el día 11 de diciembre de 2002, por el/la Juez del expresado Juzgado.

ANTECEDENTES DE HECHO

PRIMERO. – La parte dispositiva de la Sentencia apelada es del tener literal siguiente: «FALLO: Que, DESESTIMANDO la demanda promovida por el Procurador Sr. F. A. en nombre y representación de D. Enrique B. V. contra D. José Mª M. L. DEBO ABSOLVER Y ABSUELVO a D.

José Mª M. L. de los pedimientos contra el mismo formulados, con imposición al actor de las costas procesales.».
SEGUNDO. – Contra la anterior Sentencia interpuso recurso de apelación la parte actora mediante su escrito motivado, dándose traslado a la contraria se opuso en tiempo y forma; elevándose las actuaciones a esta Audiencia Provincial.
TERCERO. – Se señaló para votación y fallo el día 26 de febrero de 2004.
CUARTO. – En el presente procedimiento se han observado y cumplido las prescripciones legales.

VISTO, siendo Ponente el Ilmo/a. Sr/a. Magistrado/a D/Dª Francisco H.

FUNDAMENTOS DE DERECHO

PRIMERO. – Promovió la parte actora las presentes actuaciones en base a la intromisión ilegítima en su honor, por las manifestaciones efectuadas por el demandado en un programa de debate deportivo en un medio de televisión. Tras los trámites procesales oportunos recayó sentencia desestimando la demanda. Contra la sentencia de instancia se alzó la parte actora, oponiéndose al recurso el demandado y Ministerio Fiscal.
SEGUNDO. – Se admiten y dan por reproducidos los hechos y fundamentos jurídicos de la sentencia recurrida.
TERCERO. – Insiste la apelante en que las expresiones manifestadas por el demandado, no suyas sino de eco popular, en el programa-debate televisivo, implicaron una intromisión ilegítima en su honor.

No puede prosperar el motivo. En base a los extensos y razonados fundamentos jurídicos de la sentencia recurrida, procede la confirmación de la misma. Sólo cabe añadir brevemente a lo ya expuesto que el honor, bien a proteger, no tiene una definición en el propio ordenamiento jurídico (STC 223/92); tratándose de un concepto dependiente de las normas, valores e ideas sociales vigentes en cada momento (STC 185/89) que encaja sin dificultad, por tanto, en la categoría jurídica conocida de conceptos jurídicos indeterminados (STC 223/92). Por lo tanto el denominador común de todos los ataques o intromisiones ilegítimas en el ámbito de protección de este derecho es el desmerecimiento en la consideración ajena, como consecuencia de expresiones proferidas en descrédito o menosprecio de alguien que fueren tenidas en el concepto público por afrentosas. Todo ello nos sitúa en el tema de los demás, que no son sino la gente, cuya opinión colectiva marca en cualquier lugar y tiempo el nivel de tolerancia o de rechazo. Para determinar el contenido de las expresiones, hay que tener en cuenta el contexto en que se pronunciaron, esto es, en la polémica demandante-demandado, situación de descalificaciones mutuas, aclarando el demandado que era y se hacía eco de lo que decían sobre el actor, aunque él, el demandado, no se las creyese. Además, según STS 6.4.95 «Las palabras empleadas no pueden extraerse de su contexto, y ser Juzgadas independientemente del mismo, prescindiendo de esta forma de las circunstancias concurrentes que les han servido de antecedente»; doctrina pacíficamente sentada por el Tribunal Supremo en sentencias de 7.9.90; 8.1.91; 6.6.92. Así, dadas las expresiones vertidas, las circunstancias de lugar y tiempo, conducta y controversia entre las partes no se aprecia que hubiese intromisión ilegítima en el derecho al honor del actor, hoy apelante.

CUARTO. – Alegó la parte apelante la improcedencia, en su caso, de la condena en costas. No puede prosperar el motivo. El art. 394 LEC establece el criterio general del vencimiento para la imposición de las costas causadas en la instancia; y con carácter excepcional su no imposición si se aprecia y razona debidamente la existencia de «serias dudas de hecho o de derecho». El Juez de instancia no apreció duda alguna; La Sala, dada la exposición de los hechos, doctrina y jurisprudencia aplicable al caso, tampoco aprecia motivo para enmendar la apreciación del Juez a quo, ni aplicar en la alzada el criterio general del vencimiento. Por lo que decae el motivo.

QUINTO. – Se imponen las costas del recurso a la parte apelante, arts. 398; 394 LEC.

Vistos los arts. 7.7 LO 1/82; 249.1 LEC y concordantes

F A L L A M O S

Que desestimando el recurso de apelación interpuesto por la representación procesal de D. Enrique B. V. contra la sentencia dictada el 11 de diciembre de 2002 por el Juzgado de Primera Instancia nº 27 de Barcelona en las presentes actuaciones debemos confirmar y confirmamos la Sentencia recurrida; Se imponen las costas del recurso a la parte apelante.

Y firme que sea esta resolución, devuélvanse los autos originales al Juzgado de su procedencia, con testimonio de la misma para su cumplimiento.

Así por esta nuestra sentencia, de la que se unirá certificación al rollo, lo pronunciamos, mandamos y firmamos.

BIBLIOGRAFÍA

Alberola, Patrícia, Joan Borja, Joan M. Perujo, Josep Forcadell, Carles Cortés y Josep Bernabeu, *Comunicar la ciència. Teoria i pràctica dels llenguatges d'especialitat*, Picanya (Valencia), Bullent, 1996.

Álvarez, Gerardo, *Textos y discursos. Introducción a la lingüística del texto*, 2ª ed., Concepción, Universidad de Concepción, 2001.

Bajtín, Mijaíl M., *Estetika slovesnogo tvorchestva*, Moscú, Iskusstvo, 1979 (trad. cast.: *Estética de la creación verbal*, Buenos Aires, Siglo XXI, 1982; reed. 2002).

Barré-De Miniac, Christine y Christian Poslaniec (comps.), *Écrire en atelier. Observation, analyse, interpretation de quatre ateliers d'écriture*, París, Institut National de Recherche Pédagogique, 1999.

Barton, David y Mary Hamilton, *Local literacies*, Londres, Routledge, 1998.

Bazerman, Charles, *Shaping Written Knowledge: The Genre and Activity of the Experimental Article in Science*, Madison, University of Wisconsin Press, 1988.

Benítez Figari, Ricardo, *Teorías de la producción escrita. Internalismo y externalismo*, Santiago de Chile, Frasis, 2005.

Berkenkotter, Carol y Thomas N. Huckin, *Genre knowledge in disciplinary communication*, Hillsdale, Erlbaum, 1995.

Bhatia, Vijay K., *Analysing Genre: Language Use in Professional Settings*, Londres, Longman, 1993.

—, «Genres in Business Contexts», en Trosborg, Anna y Paul Erik Flyvholm Jorgensen (comps.), *Business Discourse. Texts and Contexts*, Berna, Peter Lang, 2005, págs. 18-39.

Blicq, Ron S., *Guidelines for Report Writing*, 2ª ed., Ontario, Prentice-Hall, 1990.

Boniface, Claire, *Les ateliers d'écriture*, París, Retz, 1992.

Bordons, Glòria, Josep M. Castellà y Elisabet Costa, *TXT. La lingüística textual aplicada al comentari de textos*, Barcelona, Universitat de Barcelona, 1998.

Brown, Gillian y George Yule, *Discourse Analysis*, Cambridge UP, 1983 (trad. cast.: *Análisis del discurso*, Madrid, Visor Libros, 1993).

Calsamiglia, Helena y Amparo Tusón, *Las cosas del decir. Manual de análisis del discurso*, Barcelona, Ariel, 1999.

Carlino, Paula, *Escribir, leer y aprender en la universidad. Una introducción a la alfabetización académica*, Buenos Aires, Fondo de Cultura Económica, 2005.

Cassany, Daniel, *Reparar l'escriptura*, Barcelona, Empúries, 1993 (trad. cast.: *Reparar la escritura*, Barcelona, Graó, 1993).

—, *Construir l'escriptura*, Barcelona, Empúries, 1999 (trad. cast.: *Construir la escritura*, Barcelona, Paidós, 1999).

—, *Expresión escrita en L2/ELE*, Madrid, Arco Libros, 2005.

—, *Rere les línies. Sobre la lectura contemporània*, Barcelona, Empúries, 2006 (trad. cast.: *Tras las líneas. Sobre la lectura contemporánea*, Barcelona, Anagrama, 2006).

Christie, Frances y Jim Martin (comps.), *Genre and institutions: social processes in the workplace and school*, Londres, Continuum, 1997.

Cirlot, Victoria, «L'estètica de la recepció», en Llovet, Jordi (comp.), *Teoria de la literatura*, Barcelona, Columna, 1996, págs. 155-168.

Crespillo, Manuel, «Teoría del comentario de textos», *Analecta Malacitana*, vol. XV, n°s 1-2, 1992, págs. 137-172.

Cuenca, M. Josep, «Textos sobre textos: una reflexión sobre el comentario de textos», *Textos*, n°s 10, octubre de 1996a, págs. 85-98.

—, *Comentaris de texts*, Picanya (Valencia), Bullent, 1996b.

De Montagut Estragués, Tomàs, «Els juristes de Catalunya i

la seva organització col·legial a l'època medieval», *Ius Fugit. Revista histórico-jurídica de la Corona de Aragón*, n° 12, 2005, págs. 269-301.

Delmiro, Benigno, *La escritura creativa en las aulas. En torno a los talleres literarios*, Barcelona, Graó, 2002.

Ducrot, Oswald, (1984) *Le dire et le dit*, París, Minuit, 1984 (trad. cast.: *El decir y lo dicho*, Barcelona, Paidós, 1986).

Elbow, Peter y Pat Belanoff, *Sharing and Responding*, Random House, 1973 (2ª ed. 1989).

Escandell, Victoria, *Introducción a la pragmática*, Barcelona, Antrophos, 1993 (nueva versión actualizada: Barcelona, Ariel, 1996).

Geluykens, Roland y Katja Pelsmaekers (comps.), *Discourse in Professional Contexts*, Múnich, LINCOM EUROPA, 1999.

Grabe, William y Fredricka L. Stoller, *Teaching and Researching Reading*, Harlow, Longman, 2002.

Green, Pam, «Critical Literacy Revisited», en Fehring, Heather y Pam Green (comps.), *Critical Literacy: A Collection of Articles From the Australian Literacy Educators' Association*, International Reading Association, 2001, cap. 1.

Grellet, Françoise, *Developing Reading Skills. A practical guide to reading comprehension exercices*, Cambridge, Cambridge University Press, 1981.

Guillamet, Jaime, *Conocer la prensa. Introducción a su uso en la escuela*, Barcelona, Gustavo Gili, 1988.

Gunnarsson, Britt-Louise, «On the sociohistorical construction of scientific discourse», en Gunnarsson, Britt-Louise, Per Linell y Bengt Nordberg (comps.), *The construction of professional discourse*, Londres, Longman, 1997, págs. 99-126.

—, «The Organization of Enterprise Discourse», en Trosborg, Anna y Paul Erik Flyvholm Jorgensen (comps.), *Business Discourse. Texts and Contexts*, Berna, Peter Lang, 2005, págs. 83-110.

Hyland, Ken, *Disciplinary discourses. Social Interaction in Academic Writing*, Londres, Longman, 2000.

—, «Genre-Based Pedagogies: A Social Response to Process», *Journal of Second Language Writing*, n° 12, 2003, págs. 17-29.

Johns, Ann M., *Text, Role, and Context. Developing Academic Literacies*, Cambridge, Cambridge University Press, 1997.
Kanpol, Barry, *Critical Pedagogy. An Introduction*, Londres, Bergin & Garvey, 1994.
Kent, Thomas (comp.), *Post-Process Theory. Beyond the Writing Process Paradigm*, Illinois (EUA), Southern Illinois University Press/Carbondale and Edeardsville, 1999.
Lázaro Carreter, Fernando y Evaristo Correa Calderón, *Cómo se comenta un texto literario*, 11ª ed., Madrid, Cátedra, 1974 (1ª ed. en Madrid, Anaya, 1967; 31ª ed., 1994).
Llovet, Jordi (comp.), *Teoria de la literatura*, Barcelona, Columna, 1996.
López Quero, Salvador y Antonio López Quero, *Comentarios lingüísticos de textos (científicos, periodísticos, publicitarios y coloquiales)*, Granada, Ánade/Didáctica, 1995.
Maingueneau, Dominique, *Eléments de linguistique pour le texte littéraire*, París, Dunod, 1993 (trad. cat.: Maingueneau, Dominique y Vicent Salvador, *Elements de lingüística per al discurs literari*, Valencia, Tàndem, 1995).
Maniak, Angela J., *Report writing (for internal auditors)*, Illinois, Bankers Publishing Company, 1990.
Marin, Marta y Beatriz Hall, *Prácticas de lectura con textos de estudio*, Buenos Aires, Eudeba, 2005.
Martin, James R., «Genre and literacy – modeling context in educational linguistics», *Annual Review of Applied Liniguistics*, nº 13, 1993, págs. 141-172.
Narvaja de Arnoux, Elvira, Marinana Di Stefano y Cecilia Pereira, *La lectura y la escritura en la universidad*, Buenos Aires, Eudeba, 2002.
Olson, Gary A. (1999) «Toward a Post-Process Composition: Abandoning the Rhetoric of Assertion», en Kent, Thomas (comp.), *Post-Process Theory. Beyond the Writing Process Paradigm*, Illinois (EUA), Southern Illinois University Press/Carbondale and Edeardsville, 1999, págs. 7-15.
Ripoll, Carme, «Conversar per aprendre a comprendre a primària», *Articles*, nº 22, 2000, págs. 43-55.
Spirlet, Jean-Pierre, *Utiliser la presse à l'école*, París, Centre de formation et de perfectionnement, 1990.

Swales, John, *Genre Analysis. English in academic and research settings*, Cambridge, Cambridge University Press, 1990.

Torre, Esteban, «¿Comentario, análisis, explicación de textos literarios?», en Ariza, Manuel (comp.), *Problemas y métodos en el análisis de textos. In memoriam Antonio Aranda*, Sevilla, Universidad de Sevilla, 1992, págs. 349-358.

Van Dijk, Teun A. (comp.), *Discourse as Social Interaction. Discourse Studies: A Multidisciplinary Introduction*, vol. 2, Londres, Sage, 1997 (trad. cast.: *El discurso como interacción social. Estudios sobre el discurso II. Una introducción multidisciplinaria*, Barcelona, Gedisa, 2000).

DESCRIBIR EL ESCRIBIR
Cómo se aprende a escribir

autor: **Daniel Cassany**
ISBN: 84-7509-496-1
código: 34037
colección: Comunicación, 37
páginas: 200
formato: 13,5 × 22 cm

CONSTRUIR LA ESCRITURA

autor: **Daniel Cassany**
ISBN: 84-493-0770-8
código: 50042
colección: Papeles de pedagogía, 42
páginas: 408
formato: 13,5 × 22 cm

DESCARGUE NUESTRO CATÁLOGO EN www.paidos.com